el Secreto del Juego

el Secreto del Juego

Cómo educar a niños sanos, inteligentes y sensibles de 0 a 12 años

Ann Pleshette Murphy

ItsImagical®

DK

Londres, Nueva York, Múnich, Melbourne y Delhi

DIRECCIÓN EDITORIAL Anja Schmidt
DISEÑO Jee Chang
DIRECCIÓN DE ARTE Dirk Kaufman
COORDINACIÓN DE ARTE Michelle Baxter
MAQUETACIÓN Kathy Farias
PRODUCCIÓN EDITORIAL Ivor Parker
COORDINACIÓN EDITORIAL Sharon Lucas
FOTOGRAFÍA DE NIÑOS Ross Whittaker
FOTOGRAFÍA DE JUGUETES Ryann Cooley
ILUSTRACIÓN Gabriel Pages

DOWNTOWN BOOKWORKS INC.

Producido por Downtown Bookworks Inc.
PRESIDENTA Julie Merberg
VICEPRESIDENTA Pam Abrams
PRODUCCIÓN Sara Newberry
AGRADECIMIENTOS Patty Brown, Kate Gibson, Sarah Parvis

Edición de la versión española
PRODUCCIÓN Y REALIZACIÓN deleatur, s.l.
COORDINACIÓN Edgar Gasòliba
TRADUCCIÓN Montserrat Asensio
REVISIÓN Rolando Cossío
MAQUETACIÓN Nani Pérez y Mª Carmen Gómez

Publicado originalmente en Gran Bretaña en 2008
por Dorling Kindersley Ltd., Penguin Group (RU),
80 Strand, Londres WC2R 0RL

Reproducción del color realizada por Colourscan (Singapur)
Impreso y encuadernado en China por Leo Paper Product

Descubre más en:
www.dk.com

ItsImagical®

© ItsImagical 2011
Plataforma Logística PLA-ZA
C/ Osca, 4. 50197 Zaragoza
www.imaginarium.es
I.S.B.N.: 978-84-9780-646-6

Contenido

Introducción

Los padres saben (y los expertos están de acuerdo con ellos) que cuando los niños corren, saltan, construyen, aplastan y fantasean durante sus primeros años de vida, hacen mucho más que desahogarse o quemar calorías. Mediante el juego, aprenden a conocerse, hacen descubrimientos emocionantes sobre el mundo que los rodea, amplían su vocabulario, forjan relaciones y experimentan el poder terapéutico de una risa compartida. La investigación también revela que el juego refuerza los circuitos cerebrales de los niños pequeños e influye en todos los niveles del desarrollo: cognitivo, físico y emocional. Mientras juegan, los niños adquieren toda una serie de habilidades complejas y versátiles.

Por desgracia, vivimos en un mundo en el que, con frecuencia, vamos muy ajetreados: cada vez nos resulta más difícil desconectar, y esto puede dificultar el hacer del juego estructurado una prioridad. *El secreto del juego* subraya los hitos evolutivos relacionados con el juego de los niños y describe el tipo de juego que refuerza más el desarrollo de nuestros pequeñines.

Cada capítulo del libro está dedicado a una edad específica y explica **qué observará** en su hijo, **por qué sucede**, y lo más importante, **cómo divertirse** en esa etapa. Encontrará información con base científica sobre la afectividad y la salud, el juego y el aprendizaje, además de consejos de otros padres.

El secreto del juego se asienta en algunas nociones muy básicas sobre el juego. Ha de ser sencillo. Los juguetes y los juegos con muchos cascabeles y silbatos suelen impedir que los pequeños usen la imaginación y activen todos sus sentidos. Ha de ser seguro. Los niños son científicos natos y necesitan un entorno de juego que les permita vivir grandes aventuras sin tener que escuchar constantemente «¡Cuidado!» o «¡No!». Ha de mandar el niño. Siempre que sea posible, deje que el niño dirija el juego. Y cuando encuentre un obstáculo, anímelo a perseverar. Los padres han de estar presentes al cien por cien. Es mucho mejor comprometerse a 15 minutos de juego ininterrumpido y concentrado que a media hora de interacción distraída. Los niños han de moverse. La tasa de obesidad infantil no cesa de aumentar. El juego activo al aire libre debe ser una prioridad para toda la familia. Los niños han de reír. El humor y los juegos sencillos son algo más que las bases del juego: pueden ayudarlo a sortear situaciones complicadas, como las rabietas y la rivalidad entre hermanos.

Al leer el libro, descubrirá que el juego es una lente reveladora y única que le permite observar el milagro del crecimiento de su hijo. *El secreto del juego* lo ayudará a ampliar el mundo de su hijo, a alimentar sus aficiones, a hacerle reír, a reforzar su cerebro y a prometerle un mañana alegre, feliz y, en ocasiones, despreocupado. Ahora... ¡a jugar!

De cero a doce meses

El año del asombro

* * *

Hitos del juego durante este año

ALCANZAR un móvil

JUGAR al cucú

SENTIR texturas distintas

VINCULARSE con los padres

PATALEAR en un balancín

MIRARSE en el espejo

AGARRAR un sonajero

El año del asombro

Tras 9 meses de espera, su hijo está por fin aquí: cada uña minúscula, cada rizo de pelo, cada suspiro soñoliento, cada centímetro de su suave piel es un pequeño milagro. Y, aunque los largos días (y las aún más largas noches) que siguen al parto se centran en alimentar, cambiar y calmar a su recién nacido, en un abrir y cerrar de ojos verá que esos labios diminutos forman una sonrisa; sentirá cómo esos deditos se aferran con fuerza a los suyos; y se asombrará al ver esos muslos rechonchos dar patadas, gatear, erguirse y, quizás, dar algún que otro paso inseguro.

Aunque aún falta algo de tiempo para que su hijo organice meriendas, juegue con plastilina, se disfrace de superhéroe, se columpie o salte en el barro, el juego es una parte fundamental de su vida. A lo largo de las primeras semanas y meses la definición de juego irá evolucionando. Durante los 3 primeros meses de vida (también conocidos como «el cuarto trimestre», porque es un período de transición para los padres y el bebé), el juego consiste simplemente en hablarle, abrazarlo, cantarle y responder a sus gorjeos y a sus llantos. Sin embargo, la investigación sobre el desarrollo infantil demuestra que entre los 3 y los 4 meses observará un gran cambio en el desarrollo de su hijo. Dormirá durante períodos más prolongados por la noche, verá mejor y podrá gestionar estímulos, lo que significa que el juego también cambiará. Podrá centrarse en un objeto a más de 20 ó 30 centímetros de su rostro, e incluso buscará su mirada a través de la sala. A los 3 meses, podrá seguir objetos, como muñecos de peluche, si alguien los mueve despacio de un lado a otro.

Muy pronto, desplegará la motricidad fina y empezará a agarrar, sostener y pinzar. Pero las manos no son la única parte del cuerpo que gana capacidades. Los diminutos músculos de su cuello y espalda cada vez están más desarrollados y, entre los 6 y los 9 meses, podrá permanecer sentado sin ayuda. ¿Emocionado? Pues piense en cómo se siente él ante esta vista totalmente nueva de su entorno. Está deseando explorarlo y, muy pronto, se pondrá en movimiento, ya sea sobre el trasero, las rodillas o el estómago; o de puntillas, si lo ayudan.

Las habilidades comunicativas de su hijo también avanzarán a pasos agigantados. Se sorprenderá al ver que, después de unas pocas semanas, aprenden a «hablarse» con miradas, con gestos y sonidos que sentarán las bases de su lenguaje privado. De esta manera, no sólo se establecen vínculos profundos, sino que además la atención que recibe constituye una verdadera fuente de seguridad y consuelo, emociones que refuerzan todos los aspectos del desarrollo del niño.

Todos estos hitos se irán alcanzando a su debido tiempo, por lo que, si su pequeño tarda un poco en andar o pronuncia menos palabras discernibles que los niños del vecino, no se asuste. El desarrollo infantil suele caracterizarse por una pauta de dos pasos hacia delante y uno hacia atrás; ni siquiera los hermanos suelen seguir la misma pauta de desarrollo. (Lo mismo vale para niños y niñas.) Sin embargo, jugar con los cuidadores beneficia a todos los niños. Cuando responde al balbuceo de su hijo, lo anima a alcanzar un móvil sobre su cuna, le lee un libro o le hace reír con cosquillas en la tripa, refuerza su desarrollo.

Y no es necesario dedicar gran cantidad de horas a jugar con su hijo para influir sobre su desarrollo futuro. Las rutinas diarias, como, por ejemplo, el baño, las comidas, los paseos o irse a dormir, son oportunidades perfectas para jugar con él. Y este juego cotidiano ejercerá un enorme impacto sobre el desarrollo cognitivo y sobre las habilidades emocionales y sociales de su hijo, lo que además sentará las bases para el resto de su vida.

Juego y aprendizaje

Balbuceos

Qué observará

Al principio, los bebés hacen lo que saben hacer mejor: llorar. Es la única manera en que pueden expresar sus necesidades, ya sean de alimento, sueño o juego. Por abrumador que resulte al principio distinguir entre el llanto de «hambre» y el de «aburrimiento», muy pronto podrá descifrar qué quiere el bebé y la rapidez con que necesita responder. Los lloriqueos de la mañana pueden dar paso a gorjeos de satisfacción en cuanto se centre en el móvil multicolor sobre la cuna, lo que hace innecesario salir corriendo para cogerlo en brazos.

Se dará cuenta de que usted y el pequeño aprenden a comunicarse desde el principio. Numerosos estudios han demostrado que los bebés prefieren el habla a otro tipo de sonidos, especialmente cuando son mamá o papá quienes hablan. Hacia las 5 ó las 6 semanas, es probable que sonría por primera vez y, entre los 3 y los 6 meses, puede prepararse para las primeras conversaciones padre-hijo, porque empezará a balbucear y arrullar en respuesta a los sonidos o las palabras que le dirija. De hecho, existen algunas investigaciones que demuestran que ya a los 3 ó 4 meses de edad, hay niños que pueden entender los sonidos y los ritmos de una conversación y que se quedan en silencio cuando oyen hablar y «hablan» en las pausas. Entre los 4 y los 6 meses, es posible que el bebé empiece a pronunciar sus primeros sonidos como «mama» o «gaga» y los repita sin cesar; incluso, quizás ría si alguien hace algo que le parece divertido.

Hacia el final de este primer año, quedará asombrado al ver que el bebé entiende gran parte de lo que se le dice y que puede jugar a juegos sencillos como «¿Dónde tienes la nariz?» o «¡Encuentra el gato en el dibujo!». Y pasado el primer cumpleaños, su primera palabra (con toda probabilidad «mama» o «papa») será todo un acontecimiento.

Por qué sucede

Muchos lingüistas están convencidos de que el desarrollo del lenguaje es tan instintivo como el comer o el dormir. Desde que nacen, los bebés sienten el impulso de hablar. Los padres de gemelos suelen descubrir que los pequeños desarrollan un sistema de comunicación (una especie de lenguaje secreto) mucho antes de aprender a pronunciar sus primeras palabras.

Si es padre de un varón, es posible que se dé cuenta de que no es tan parlanchín como sus amiguitas. Varios estudios demuestran que las niñas suelen hablar más que los niños

Hablarle sobre sus juguetes preferidos favorece el desarrollo del lenguaje.

y que empiezan a hacerlo entre uno y dos meses antes que ellos. Incluso hay pruebas de que los fetos femeninos tienden a mover los labios más que los masculinos, ¡quizás ya estén ensayando! De todos modos, hacia los 4 ó 5 años, los niños se ponen a la par y pueden ahogar a sus amigas con palabras.

Para que pueda pronunciar sus primeras palabras, la boca y el tracto vocal del bebé han de alargarse y cambiar, lo que sucede hacia el tercer mes. En ese momento, puede utilizar la lengua, los labios y los músculos faciales para emitir balbuceos sorprendentemente parecidos en docenas de idiomas.

Cuando empieza a comunicarse, rápidamente aprende que balbuceando y arrullando consigue cosas. Por ejemplo, cuando grita y sonríe, mamá lo abraza y lo besa; cuando llora de una forma concreta, le dan de comer. El balbuceo también le permite ejercitar la lengua y los labios para pronunciar diferentes combinaciones de vocales y consonantes a distintos decibelios. Anímelo con ruiditos y chasquidos con la lengua: ¡seguro que le hará sonreír!

Desde muy pequeños, los bebés empiezan a imitar lo que oyen. De hecho, a los 3 meses ya son capaces de diferenciar entre varios cientos de sonidos hablados. En un estudio, bebés de entre 3 y 5 meses de edad observaron películas de adultos emitiendo sonidos de vocales durante cinco minutos diarios tres días seguidos. Los investigadores descubrieron que incluso algunos de los bebés más pequeños intentaban copiar lo que oían y, de hecho, algunos lo hicieron a la perfección.

¿Sabía que...?

Un grupo de psicólogos decidió estudiar si la utilización del nombre del niño y de otras palabras conocidas contribuía a una mayor comprensión del lenguaje. Los resultados revelaron que niños de 6 meses de edad no sólo reconocían su nombre, sino que podían distinguir y recordar nuevas palabras inmediatamente posteriores. Para ampliar el vocabulario de su bebé, diga su nombre con frecuencia cuando hable con él o le cuente cuentos y repita las mismas palabras junto a su nombre. Por ejemplo: «La bici de Lucy era roja y brillante. Todos sabían que la bici de Lucy podía ir muy rápido».

> Solía leerle a mi hija los informes del trabajo, con inflexiones divertidas y con voces variadas, como si fueran cuentos infantiles. Así, ella escuchaba muchas palabras y yo repasaba mi trabajo.
>
> David, padre de dos niños

Cómo divertirse

Desde el primer día hable usted con su pequeño. Explíquele lo que hace, como, por ejemplo, «¡Qué buena está el agua de la bañera!» o «Vamos a vestirnos para ir a ver a la abuela». La repetición de palabras y las inflexiones de voz lo ayudarán a aprender a hablar. Sí, es cierto que en este momento no es más que un narrador y que puede llegar a cansarse de su propia voz, pero existen investigaciones que demuestran que hablar e interactuar así con los recién nacidos estimula el desarrollo del lenguaje y del vocabulario y que sienta incluso las bases de la futura capacidad lectora. Hay estudios que sugieren que niños cuyas madres hablaban con frecuencia con ellos habían aprendido unas 300 palabras más a los 2 años de edad que otros que tenían madres más silenciosas.

La mayoría de cuidadores utiliza de forma natural lo que comúnmente se llama «media lengua», una manera de hablar cantarina y muy aguda, combinada con frases cortas y sencillas y expresiones faciales exageradas. A diferencia del lenguaje infantil, que consiste en palabras y sonidos inventados, la media lengua implica repetir las palabras y pronunciar con claridad las vocales y las consonantes, que se alargan. Los expertos afirman que hablar de esta manera contribuye a reforzar los vínculos con el bebé; fomenta las habilidades lingüísticas porque capta su atención; y ayuda al cerebro a clasificar los sonidos que oye.

Cuando el pequeño empiece a balbucear, responda a los sonidos como si fueran palabras de verdad: «Sí, la mantita es suave, ¿verdad?» o «Ya veo que te encanta jugar con el patito en la bañera».

Muchos padres cuestionan la efectividad de los vídeos o de las tarjetas de vocabulario que afirman que enseñan a hablar antes a los bebés o que aumentan drásticamente su vocabulario. Según varios estudios, sentar al bebé frente a una pantalla de televisión o de ordenador puede retrasar la adquisición del lenguaje. La mejor forma de aprender es con la interacción cara a cara, así que siéntese en el suelo con su bebé y empiece a hablar. O juegue con él haciéndole saltar sobre las rodillas y narrándole el «viaje».

Otra manera de exponerlo a una variedad de palabras y frases es cantándole. Y no, no hace falta tener una voz maravillosa para cantarle a su bebé.

En realidad, como su voz le es familiar, lo consolará y lo calmará aunque usted desafine. Leerle contribuye al desarrollo del lenguaje mucho antes de que pueda entender argumentos; de hecho, diversos estudios demuestran que leer incluso a los bebés más pequeños estimula la formación de nuevas conexiones cerebrales y refuerza las ya existentes.

Además de enseñarle, si con frecuencia lo besa, lo abraza, lo sostiene en su regazo y le habla con dulzura, le transmitirá una enorme sensación de seguridad y solidez, lo que reforzará la intimidad entre ambos.

Juego y aprendizaje

Ahora lo ves, ahora no lo ves

Qué observará

Durante gran parte del primer año de vida, lo único que existe para su bebé es lo que tiene a la vista; literalmente, si no lo ve, no existe. Por eso, no mira al suelo cuando se le cae el biberón ni se acuerda de ese bonito juguete escondido bajo la manta. Cuando juegan al cucú y se tapa la cara con la manta, su bebé no está seguro de si seguirá ahí cuando la descubra; hacia los 9 ó 10 meses, entenderá el concepto de escondite de una manera mucho más sofisticada. Aunque esconda un juguete bajo dos o más capas, lo desenterrará alegremente.

Esta nueva comprensión también se aplica a las personas. Por lo tanto, cuando se tape la cara con las manos, sabrá que está ahí aunque no lo vea. Sin embargo, una vez que entiende esto, es posible que reaccione con mayor intensidad cuando lo pierda de vista. Es muy posible que descubra que, aunque antes estaba encantado de pasar de unas manos a otras en reuniones familiares o de amigos, ahora no quiere dejar la seguridad de las suyas.

Por qué sucede

Aunque durante los primeros meses ha vivido con la mentalidad de fuera de la vista, fuera de la mente, hacia los 8 meses empieza a entender la «permanencia del objeto», el concepto de que las personas y las cosas existen aunque no pueda verlas. Ahora busca el biberón que se le ha caído, porque ha de estar en algún sitio, o levanta la manta para encontrar algo escondido. Hacia los 10 meses, podrá identificar un juguete u objeto aunque sólo vea una pequeña parte del mismo. La ansiedad de separación (el miedo a separarse de papá o de mamá) también tiene que ver con la permanencia del objeto y aparece sobre los 8 ó 9 meses de edad. A pesar de que entiende que no se ha esfumado, no sabe si volverá o no.

Cómo divertirse

El escondite y el cucú refuerzan el concepto de permanencia del objeto. Cuando el bebé esté en la cuna, agáchese para que no pueda verlo y, de repente, póngase de pie. Repítalo varias veces con intervalos distintos entre desaparición y reaparición y verá cómo se divierte. También lo puede hacer con libros de tapas móviles o con objetos de casa. Cubra un tenedor con un trapo de cocina mientras el bebé mira. «¿Dónde estará

Los libros con tapas móviles refuerzan el concepto del cucú.

el tenedor?» Le encantará enseñárselo una y otra vez y disfrutará jugando con cucharas, tazas y otros objetos cuyos nombres le irá enseñando.

En el momento de la separación, puede reducir la ansiedad abrazándolo y acariciándolo cuando estén rodeados de desconocidos y dejando que se adapte poco a poco a las situaciones nuevas. O establezcan un ritual de «despedida» especial para los dos y aplíquelo sin falta cada vez que se separen. Puede ser una canción, o tal vez una frase especial de despedida pronunciada por su peluche preferido. Escoja lo que escoja, hacerlo con relativa frecuencia lo ayudará a sentirse seguro durante el paso de sus brazos a los de la canguro o de otro cuidador (y, con toda probabilidad, lo ayudará en transiciones más importantes más adelante, como el primer día en la guardería o en la escuela).

Juego y afecto

Vínculos afectivos

Qué observará

Los bebés reconocen el rostro, la voz y el olor de sus padres casi desde el primer día. De hecho, varios estudios han demostrado que ya en el útero reconocen la voz de mamá y que, tan sólo unos días después del parto, el recién nacido se orienta hacia su voz aunque otra persona lo tenga en brazos y le hable. También está muy ocupado descifrando cómo puede satisfacer sus necesidades de alimento, amor y consuelo. Por eso, se calma cuando usted (y no otra persona) lo tiene en brazos y encuentra consuelo en su voz. Ya a los 2 meses de edad, podrá sonreír, patalear o agitar los brazos para demostrar que lo ha reconocido.

A los 3 meses, su hijo permanecerá despierto durante períodos de tiempo más prolongados y

> Lo pongo en el suelo debajo de mí cuando hago flexiones. En cada descenso, le doy un beso. De esta manera, mi hijo y yo jugamos y nos hacemos mimos al mismo tiempo que hago ejercicio.
>
> Elena, madre de un bebé

mostrará interés por el mundo que lo rodea. En este momento, también disfrutará con el sonido de un sonajero o con el berrido de un peluche, especialmente si usted está cerca.

Por qué sucede

Tal vez algunos parientes mayores le digan que si lo abraza demasiado o responde a su llanto con demasiada rapidez lo convertirá en un niño mimado. Esto no es cierto. Cuando lo atiende, lo ayuda a sentirse seguro, a confiar y a estar seguro de sí mismo. Los expertos afirman que existe una relación entre la vida emocional del bebé y el desarrollo cerebral. Investigaciones con estudios por imagen de cerebros de bebés incluidos demuestran el enorme impacto que ejercen las emociones sobre las habilidades cognitivas de los pequeños. El desarrollo del lenguaje, la resolución de problemas, la lógica y la capacidad de elaborar ideas están relacionadas directamente con los cuidados emocionales que recibe el bebé. Por ejemplo, si las necesidades básicas de alimento y consuelo del bebé están satisfechas, puede centrarse mejor en todos los estímulos que lo rodean. Cuando el niño procesa la información, establece nuevas conexiones neuronales. Jugar es una de las mejores maneras para fomentar la seguridad emocional y además ayudarlo a aprender.

Acurrucarse con su bebé mientras le enseña un peluche refuerza los vínculos afectivos.

Cómo divertirse

Incluso los cuidados básicos, como alimentarlo, cambiarlo, bañarlo o consolarlo, demuestran amor. Al igual que abrazarlo mientras le lee un cuento, le muestra su peluche favorito o juega a «Este cerdito fue al mercado...». Sin embargo, del mismo modo que absorben las emociones positivas, los bebés detectan la ansiedad. Por supuesto, cuando uno añade cuidar de un recién nacido a la vida cotidiana, el estrés aparece de forma natural, pero es fundamental encontrar maneras de cuidar de uno mismo y de divertirse para poder contar con recursos emocionales suficientes cuando su bebé le necesite. Planee «citas» regulares consigo mismo y, mientras su pareja o un amigo cuida del pequeño, salga a pasear, disfrute de un baño o mire su programa favorito. Al principio, quizás se sienta culpable por separarse de su hijo, pero mantener la calma y la tranquilidad es saludable para ambos.

Juego y afecto

La señorita personalidad

Qué observará

Durante las primeras semanas, el recién nacido dedica un 60 por ciento de su tiempo a dormir, por lo que no tendrá muchas oportunidades de ver su personalidad. Sin embargo, a los pocos meses se dará cuenta de que los niños tienen personalidades muy bien definidas que aparecen altas y claras (o tranquilas y silenciosas). Notará que a su hija le encanta ser el centro de atención y que es muy extrovertida y sociable, o que es tímida y reservada ante los desconocidos. Quizás le guste el ruido y la actividad, o quizás se altere si el entorno es demasiado abrumador. Y, cuando se enfada, quizás tarde mucho tiempo en tranquilizarse; o quizás baste con distraerla un segundo.

Los bebés activos disfrutan pataleando en un balancín.

> Mi primer hijo disfrutaba con los estímulos sensoriales, le encantaban los juguetes con luces y ruidos. La segunda era más sensible: prefería observar lo que sucedía a su alrededor.
>
> Ana, madre de dos niños

Por qué sucede

El temperamento de los niños es innato y refleja su genética única. A muchos padres les llama la atención que las personalidades de sus hijos sean tan distintas de las suyas o varíen tanto de un hermano a otro. Por ejemplo, una madre tranquila e introvertida tiene un bebé activo que nunca quiere irse a dormir, o un padre sociable y extrovertido tiene un pequeño al que le cuesta relacionarse o que se abruma si hay demasiada gente. Sin embargo, que el temperamento del bebé sea innato no quiere decir que su conducta no se vea afectada por cómo interactúa con el mundo. Aprender a trabajar con la personalidad de su hijo es una de las principales maneras en que puede demostrarle lo mucho que lo quiere y lo entiende.

Cómo divertirse

Adaptar el juego al temperamento de su hijo es realmente importante, incluso en esta etapa tan temprana. Por ejemplo, si tiene un bebé al que no le gusta el exceso de estimulación, asegúrese de que el juego consiste sobre todo en canciones tranquilas, cuentos y lecturas. Por otro lado, si su bebé es muy sociable y le encanta la acción, quizás disfrute escuchándolo cantar mientras él bota en el balancín. Pasar de un familiar a otro tampoco lo alterará.

Sea cual sea el temperamento de su bebé, tiene que aprender a leer su lenguaje corporal. Obviamente, ya sabe que cuando su pequeño llora es porque necesita algo, pero hay señales corporales menos sutiles que indican cuáles pueden ser esas necesidades y emociones. Si un bebé ladea la cabeza o arquea la espalda, quizás necesite un respiro. Si se tapa los oídos o se frota los ojos, quizás sea que ha llegado el momento de una siesta.

Sepa que cuando nuestros hijos son bebés, les transmitimos señales sobre las conductas que valoramos, muchas de las cuales se relacionan con la cultura familiar. Si procede de una saga familiar de extrovertidos que abrazan a completos desconocidos, quizás le cueste entender por qué su pequeño esconde la cara en su cuello cuando el abuelo se acerca. No se disculpe, limítese a tenerlo en brazos mientras habla con el abuelo. Observar que responde con ternura y calidez a sus palabras le ayudará a sentirse más cómodo. Y no hay ningún niño completamente predecible o que siempre se comporte de la misma forma. Es posible que lo sorprenda y la próxima vez se lance a los brazos del abuelo.

Juego y salud

Antes de andar

Qué observará

El control de la cabeza es básico para el resto de grandes movimientos en el futuro de su hijo, por lo que es uno de los hitos más importantes del desarrollo de esta etapa. Durante los primeros días, los músculos de la espalda superior y del cuello todavía son débiles, pero hacia el primer mes, quizás pueda elevar la cabeza durante un instante y, entre los 3 y los 5 meses de edad, podrá mantenerla en alto con relativa facilidad.

¿Otro movimiento importante? Girarse. Entre los 3 y los 5 meses aprenderá a darse la vuelta y pasar de estar boca arriba a boca abajo, pero no podrá controlar el movimiento inverso, más complicado, hasta los 5 o los 6 meses.

En el momento más inesperado entre los 6 y los 9 meses, es posible que empiece a sentarse sin ayuda. Observe cómo disfruta con esta nueva perspectiva del entorno y señala e intenta coger objetos que no veía tendido de espaldas. No se acomode. En pocos meses, este deseo lo llevará a lograr el siguiente hito: gatear. Quizás empiece gateando como un cangrejo o un soldado, usando los brazos para darse impulso y deslizarse sobre el estómago.

Para el siguiente truco, su hijo aprenderá a sentarse sin ayuda. Esto suele suceder cuando se aproxima el primer cumpleaños y, sobre la misma época, es posible que llegue a ponerse de pie e incluso a dar algunos pasos agarrado a un mueble o a la mano de alguien.

Por qué sucede

Su bebé se ha ido fortaleciendo durante todo este año, aunque los músculos sigan ocultos bajo su rechoncho cuerpecito. Sus músculos se están desarrollando y mejora la coordinación: los músculos del cuello y de los hombros, ahora más fuertes, lo ayudan a elevar la cabeza; los de los brazos, a levantarse; y los lumbares, a sentarse. Solamente necesita reforzar un poco más las piernas para poder gatear, levantarse y caminar.

La curiosidad por el entorno es otro de los factores que le impulsan a moverse. Se yergue para así poder mejorar las vistas y se desliza sobre el estómago o se levanta para recuperar un juguete fuera de su alcance.

Cómo divertirse

A partir del primer mes, estar tendido sobre la espalda durante el día (en ningún caso para dormir) lo ayudará a desarrollar el control del cuello. Póngalo sobre una manta y tiéndase frente a él, con objetos o juguetes atractivos y

Un espejo lo incitará a girar la cabeza y ejercitar los músculos del cuello.

llamativos. Cuando ya controle el cuello, intente mantener el juguete por encima de su línea de visión, para animarlo a mirar hacia arriba. Un espejo para bebés, ya sea en el suelo o en una barra de la cuna, también lo incita a levantar la cabeza para mirarse.

Ya a los 2 meses de edad, podrá ayudarlo a mantenerse sentado con cojines o ponerlo en un columpio para ayudarlo a reforzar los músculos de la cabeza y de la espalda. Entreténgalo con libros, juguetes y canciones para que le resulte divertido estar sentado. Asegúrese de que está a su alcance, y no lo deje sentado durante más de una hora seguida. Si lo ve alterado, quizás necesite descansar antes.

Enséñele a mover distintas partes del cuerpo y lo ayudará a reforzar la musculatura. Mientras esté tendido, muévale con suavidad las piernas, como si estuviera pedaleando o pataleando y ayúdelo a levantar los brazos por encima de la cabeza y a bajarlos. Haga abdominales con él: agárrelo de las manos cuando esté tendido en el suelo y levántelo con suavidad, hasta sentarle. Repítalo varias veces, para reforzar los diminutos músculos del cuello y de la espalda. Incítelo a rodar o a gatear colocando un objeto llamativo lo suficientemente cerca para que pueda verlo, pero no tocarlo. Si, hacia los 10 u 11 meses, las piernas le parecen lo bastante fuertes, agárrelo de las manos y llévelo a pasear: será un magnífico entrenamiento para aprender a caminar solo.

Juego seguro

Aunque jugar con un bebé que ya puede sentarse es muy divertido, no coloque una sillita de coche o un balancín en un lugar elevado. Y nunca lo pierda de vista mientras esté sentado.

Juego y salud

La pinza

Qué observará

Tocar a alguien o algo. Es lo que intenta hacer su bebé ya a las 12 semanas de vida. Intentará tocar y agarrar cosas como su dedo, un sonajero o incluso su pelo. Esas manos curiosas seguirán explorando durante los meses siguientes y, muy pronto, la boca se convertirá en un instrumento de descubrimiento. Al principio, sostendrá los objetos en la palma de la mano, con todos sus dedos, pero ya hacia los 8 meses podrá hacer la pinza y coger objetos bastante más pequeños con el pulgar y el índice. Hacia los 9 ó 10 meses de edad, usted empezará a preguntarse si vive con un bebé o con una banda de música. Golpear objetos es una de las acciones preferidas de los bebés y él golpeará todo lo que pueda, desde ladrillos de juguete a tapas de cacerolas o sus propias manos. Muy pronto, transferirá con gran precisión un objeto de una mano a la otra, para girarlo.

El sonajero ayuda a afinar la habilidad de agarrar.

Por qué sucede

Día a día, los músculos de su pequeño son más fuertes, la coordinación y el equilibrio mejoran y las conexiones neuronales necesarias para el desarrollo se van formando. El resultado es un mayor control de la motricidad fina y gruesa. Agarrar y sujetar son la manera que tienen los bebés de «ver» y explorar el mundo. De hecho, en un estudio sobre la memoria táctil de los bebés, se filmó a bebés de 12 meses mientras jugaban con objetos conocidos y desconocidos, primero en una habitación iluminada y luego con la luz apagada. En ambas situaciones, los pequeños pasaron más tiempo con los objetos desconocidos, valiéndose sobre todo de la boca y de las manos para llegar a conocer los nuevos juguetes.

Es posible que el ruido de los golpes que da su bebé le moleste, pero para él es maravilloso, es otra manera que tiene de conocer su entorno. Ha aprendido a coger un objeto en cada mano y se da cuenta de que puede usarlos para crear sonido. (Añada el efecto de sonido «¡Bum, bum!» para hacerlo más divertido.) Asegúrese de que lo orienta a objetos seguros, como sonajeros o ladrillos o instrumentos de juguete y de que lo mantiene apartado de objetos potencialmente peligrosos, como mesas de cristal u objetos que se puedan romper con facilidad.

Cómo divertirse

Con 3 meses, los bebés ya disfrutan con móviles o con juguetes suspendidos sobre sus rostros. Probablemente, intentarán golpearlos con los puños; este movimiento es el primer paso para lograr la complicada tarea de alcanzar algo. Si el juguete se mueve o emite un sonido cuando lo toca, esto lo incitará a seguir intentándolo. La repetición le permitirá afinar la puntería.

Refuerce la motricidad fina de su hijo dándole juguetes y objetos de distintas formas y tamaños y enseñándole de forma sencilla cómo funcionan. Por ejemplo, agite el sonajero para que pueda oír lo que hay dentro o, cuando ya sea un poco mayor, enséñele a pulsar el botón de un coche de juguete para que suene la bocina.

Estimule su sentido del tacto exponiéndolo a varias texturas, como el pelo de un perro de peluche (o de verdad), madera, telas como el satén, la pana o el vaquero, alfombras o incluso la barba de dos días de papá. Cuando le pase la mano por la superficie, nombre cada sensación: «¡Ay! ¡La barba de papá rasca!». Leer libros con texturas ejerce el mismo impacto, pero no se sorprenda si pasa el mismo tiempo mordiendo las páginas que mirando los dibujos.

Diversión casera

¿A su bebé le encanta sacar los objetos del bolso de mamá? Pues dele un bolso lleno de objetos seguros, como una cartera vieja, un estuche de gafas, un llavero de plástico o incluso algunos peluches pequeños.

Un año

La edad del descubrimiento

* * *

Hitos del juego durante este año

APILAR ladrillos o vasos de plástico

HABLAR con muñecas, animales de peluche o marionetas

LLENAR recipientes y volver a vaciarlos

IMITAR la conducta adulta

CLASIFICAR los juguetes por su forma

IDENTIFICAR juguetes de «niño» y de «niña»

CAMINAR arrastrando un juguete

La edad del descubrimiento

Para muchos padres, las semanas que siguen al primer pastel de cumpleaños son tan milagrosas como los primeros días después del nacimiento. Ya sabían que su bebé tenía una gran personalidad, pero, de repente, muestra una faceta totalmente distinta. De hecho, la transformación de bebé a persona en miniatura quita el aliento. Y se preguntan: «¿Quién es este niño asombroso?».

Por supuesto, la gran noticia de este año es que su pequeño milagro dará sus primeros pasos. Esta nueva visión del mundo, desde las alturas, combinada con su mayor capacidad física y su curiosidad natural, implica que ya no se contenta con limitarse a mirar objetos. Avanza, literalmente, hacia una fase de juego exploratorio que abre un emocionante abanico de juguetes nuevos.

Gracias a su mayor capacidad de motricidad fina, cuatro tipos de juegos empezarán a captar su atención, tanto si vive en la selva amazónica como en el centro de una gran ciudad. Querrá apilar objetos, como ladrillos; meter cosas dentro de otras, como vasos de plástico; llenar y vaciar objetos, como recipientes de agua; y manipular objetos pequeños.

Su cerebro también trabaja a marchas forzadas. Hacia los 12 meses, su hijo alcanzará un hito monumental: se dará cuenta de que es una persona distinta a papá o mamá. Hacia los 17 meses se reconocerá en el espejo, utilizará su nombre y hasta se señalará en las fotos de la familia. Los juegos como «¿Dónde está María?» suelen ser un gran éxito.

Por emocionante que resulte esta nueva autonomía, también le asusta un poco, por lo que la ansiedad de separación y la ansiedad ante desconocidos suelen alcanzar su punto máximo hacia los 15 meses de edad. En esta etapa, aproximadamente el 60 por ciento de los niños se aferran al juguete más importante para ellos, que se convierte en un objeto de seguridad. Tanto si es un muñeco, como una mantita o un osito, los consuela cuando tienen miedo o cuando hacen la transición de la vigilia al sueño.

«¡Ejerzo un impacto sobre el mundo!» Ahora, el bebé entiende el concepto de causa y efecto y por eso golpea la taza en la mesa una y otra vez (y otra). Dominar estos conceptos requiere y mejora otra habilidad de reciente aparición: la memoria. Hacia los 18 meses, podrá recordar dónde va el triángulo en el juego de las formas y ya no necesitará probar todas las esquinas. Y esto es la memoria a largo plazo. Los investigadores de la Universidad de Harvard descubrieron que, entre los 21 y los 28 meses, los niños podían recordar una secuencia de eventos presenciada 4 meses antes.

También está muy ocupado con la ampliación de su vocabulario. Diga lo que diga, tanto si es «¡Abajo!» o «¡Mío!» o el cada vez más popular «¡No!», es muy probable que lo repita con una convicción nueva. E incluso si no utiliza un gran número de palabras nuevas, la comprensión mejora muchísimo.

Uno de los principales hitos cognitivos en esta etapa es la capacidad de imitar a los adultos, por ejemplo hablando por teléfono, y la de utilizar la imaginación de un modo muy distinto. Entiende que algo simbólico (una muñeca) representa algo real (un bebé). En algún momento, entre los 18 y los 21 meses, el niño que antes sólo utilizaba la muñeca para golpear las barras de la cuna, ahora la alimenta con galletas de juguete y le da besos de buenas noches.

Juego y aprendizaje

Aserrín, aserrán...

Qué observará

Hacia los 12 meses, la mayoría de los bebés ya dice varias palabras y cada día añaden unas cuantas más a su vocabulario. Los neurólogos han concluido que la cifra mágica es 50: cuando el bebé domina aproximadamente medio centenar de palabras, el lenguaje explota de tal modo que sorprende a los padres con nuevas palabras pronunciadas con mayor o menor habilidad. El vocabulario de la mayoría de niños llega a las 150 palabras hacia los 20 meses de edad; y a las 300 hacia los 24. Sin embargo, no se preocupe si su hijo es silencioso. Los niños desarrollan el lenguaje a su propio ritmo y, de hecho, se estima que un 10 por ciento de los niños hablan más tarde que sus iguales. (Por supuesto, si le preocupa esto o cualquier otra cosa, hable con su médico.)

Con la aparición de las nuevas palabras, resulta divertido observar cómo cada niño desarrolla su propia lógica lingüística. Por

Use muñecos para conversar con su hijo imaginariamente y aumentar su vocabulario.

ejemplo, la mayoría suele generalizar. «Perro», que antes estaba reservado para el labrador del vecino, ahora puede aludir a cualquier animal de cuatro patas. Y si «¡Vamos!» antes quería decir «carrito», ahora quizás lo aplique a coches, a autobuses o incluso a su chaqueta. Después llegan las frases de dos palabras: «Más canción» o «Mi pelota».

Las habilidades de escucha del bebé de 12 meses también se desarrollan a una gran velocidad. Es capaz de mirar y de escuchar simultáneamente y durante períodos de tiempo más prolongados. En los meses anteriores al segundo cumpleaños, podrá señalar objetos e imágenes si se lo pide, seguir instrucciones básicas y (prepárese) repetir palabras que escuche en conversaciones adultas.

¿Sabía que...?

Para entender la relación entre las áreas que rigen la comprensión y el habla en el cerebro de los recién nacidos y de los bebés de 6 y de 12 meses, científicos del Instituto de Neurología y Aprendizaje de la Universidad de Washington utilizaron unos equipos especiales para observar sus cerebros. Todos los grupos de edad mostraron actividad en el área cerebral asociada a la escucha y a la comprensión del lenguaje. Pero sólo los de 12 meses mostraron actividad simultánea en las áreas de comprensión y de producción lingüística.

Por qué sucede

Los niños empiezan a hablar gracias a un gran acelerón en el desarrollo cerebral. La actividad lingüística se desplaza de un área no especializada de la corteza cerebral a las áreas temporales y parietales, que incluyen centros cerebrales específicos que procesan la compresión (el significado de las palabras) y la gramática (cómo unir las palabras). Ya a los 16 meses, los niños formulan frases de dos palabras gramaticalmente correctas la mayor parte del tiempo («¡Se acabó!» o «¡No está!»). Cuanto más practica, más sofisticada llega a ser esa zona cerebral, lo que sienta las bases para una gran riqueza lingüística.

Cómo divertirse

Cuanto más hable con él, más rico será el vocabulario de su hijo, así que expóngalo a un entorno rico en lenguaje. Cante, lea poemas infantiles (disfrutará del ritmo y de la repetición de palabras conocidas), y hable de los objetos con los que juega. Plantéele muchas preguntas, aunque sólo le responda con gestos. Los juegos repletos de diálogos le enseñan a su futuro parlanchín que las conversaciones tienen un ritmo y unos turnos concretos. Póngase una marioneta (o un calcetín) en cada mano (o coja un par de peluches o figuritas) y haga que hablen con dos voces distintas. Dele uno a él también, pero no lo obligue a hacer nada. Es suficiente con que observe lo que usted hace.

Léale cada día y déjelo escoger los cuentos y pasar las páginas. Diga cosas como: «¿Dónde está la manzana?» o «¿Ves la vaca?». Este ejercicio le permite demostrar cuántas palabras entiende aunque no las pronuncie. Al ver su alegría cuando responde correctamente, aumentará todavía más su deseo de hablar.

Juego y aprendizaje

Y otra vez. Y otra...

Qué observará

«¡Más, más!» es, probablemente, una de las frases que más oye de boca de su hijo al final de su cuento, canción o juego preferidos. Aunque leer *Teo va al mercado* cinco veces seguidas o repetir sin cesar estrofas de «Brilla, brilla estrellita» lo vuelva loco, piense que estas repeticiones son, de hecho, una herramienta de aprendizaje importante.

La repetición también es protagonista del juego en solitario de su hijo. Abre y cierra repetidamente el maletero de un coche de juguete, golpea el mismo clavo con el martillo de plástico, o abre y cierra el mismo cajón de la cocina. Al principio, es posible que las acciones sean casuales: se le cae la taza o golpea sin querer la mesa con la cuchara. Pero cuando ve que alguien salta para recuperar la taza o que la cuchara hace un sonido interesante, siente curiosidad. «¿Pasará otra vez?» «¿Y ahora? Vamos a ver.» Investiga repitiendo la acción inicial y, tras haber puesto a prueba su hipótesis varias veces, aprende que ciertas cosas en la vida son predecibles, un concepto que puede ser un gran consuelo y dar una asombrosa sensación de poder.

Juego seguro

A estas edades, los niños se meten objetos en la boca para explorarlos. Además de prestar gran atención a todo con lo que puedan atragantarse, tenga cuidado con los objetos y los juguetes que pudieran contener pintura con plomo, que tiene un sabor dulce. Y manténgase al día de los productos que se retiran del mercado en la página web del Ministerio de Sanidad y Consumo (http://www.consumo-inc.es/Seguridad/home.htm).

Por qué sucede

Todas estas repeticiones sirven para ayudar a su extraordinariamente curioso bebé a descubrir cómo funcionan las cosas y refuerzan sus habilidades de resolución de problemas. También graban en su cerebro en desarrollo las habilidades recientemente adquiridas. Como si de un Einstein en miniatura se tratara, su hijo estudia su entorno y experimenta con él, lo que le permite entender conceptos misteriosos como arriba, abajo, abierto, cerrado, sólido, hueco, blando o áspero. También adquiere la noción de causalidad y la emocionante idea de que sus acciones afectan al mundo que lo rodea.

Es posible que dude de que leer por sexta vez *El gato con botas* sea muy divertido, pero su pequeño no lo duda en absoluto. Al principio, no sabe si dirá las mismas palabras que antes, pero con cada repetición, descubre que sí. Muy pronto aprende muchas palabras de su cuento o de su canción favorita y, aunque no pueda pronunciarlas, saber lo que viene a continuación es emocionante, tranquilizador y reconfortante, además de aportar una gran seguridad. También lo ayuda a entender el orden de las cosas más allá del tiempo de juegos. Por ejemplo, empieza a entender que ciertas actividades suceden en un orden predecible: el pijama viene después del baño y ver la correa del perro significa que van a salir a pasear.

Cómo divertirse

Aunque leer el mismo libro o cantar la misma canción le haga sentir como un disco rayado, o escuchar cómo su hijo emite el mismo sonido o repite la misma acción una y otra vez le ponga los nervios de punta, intente no frustrarse ni negarse a lo que le pide. (Si volver a leer el mismo libro le resulta insoportable, pídale a otro adulto que lo haga.) Ofrézcale muchos juguetes que le permitan practicar la causa y el efecto, como libros con solapas o juguetes con botones y palancas. Los objetos cotidianos también fascinarán a su científico en ciernes: los contenedores de plástico con tapas o incluso un estuche de gafas que se abra con un chasquido. También es posible que le cueste resistirse a abrir y cerrar de golpe los cajones, aunque le haya dicho «¡No!». En esta etapa, su control de impulsos es escaso y quizás necesite que lo ayude a encontrar algo que le divierta igual, pero que resulte más seguro y menos molesto. La buena noticia es que entender la causa y el efecto le permite empezar a aprender qué conductas son inaceptables. Aplique una disciplina sencilla y explique los motivos con claridad: «Si golpeas los juguetes, no podrás jugar con ellos».

También gracias a la repetición, desarrolla la motricidad fina y esto implica que aparecen en el horizonte gran cantidad de opciones de juego creativo: dibujar con ceras, manipular piezas de rompecabezas grandes, amasar plastilina o sostener libros para «leer» solo.

Los juguetes con resortes refuerzan la idea de que una acción puede tener consecuencias.

Juego y aprendizaje

El mundo del juego simbólico

Qué observará

Hacia los 18 meses, le parecerá que su hijo se ha convertido en un «mini yo». Empezará a usar objetos como si fueran de verdad: hablará con un teléfono de juguete (en lugar de acercarse una baqueta a la oreja) o jugará con una muñeca como si fuera un bebé. También empiezan a imitar la conducta de los adultos que los rodean: teclean en un ordenador imaginario, cocinan en una cocina de juguete o se ponen las gafas de sol de papá. La imaginación despierta y, con ella, el mundo que los rodea: los peluches adquieren personalidades y las cajas de zapatos se convierten en hornos o en coches de carreras.

> «Si quiero que mi hijo me ayude a recoger, le pido que haga como si fuese una excavadora encargada de recoger bloques y depositarlos en una caja o en un cubo, y que haga «bruum-bruum» mientras trabaja.»
>
> Julia, madre de tres niños

Por qué sucede

Cuando su hijo habla con el teléfono de juguete o celebra una merienda imaginaria, hace algo más que resultar adorable. Su recién desarrollada memoria le permite imitar conductas adultas, pues recuerda cómo lleva el bolso mamá o cómo usa el ordenador papá. La imitación le permite aprender a interactuar y a realizar conductas sociales. También puede revelar preocupaciones o ansiedades; por ejemplo, un niño nervioso por la canguro nueva, quizás manifieste su ansiedad haciendo que su peluche pase por lo mismo. El juego simbólico también los ayuda a desarrollar las capacidades que necesitan. Hay estudios que demuestran que los niños con una fantasía muy activa no sólo se concentran más y tienen más autocontrol, sino que también encuentran soluciones más creativas a sus problemas.

Las vajillas de juguete lo invitarán a imitar a mamá y papá.

Cómo divertirse

Los objetos cotidianos, como ropa vieja, rollos de papel o cajas de cereales vacías, son herramientas extraordinarias para el juego simbólico. Lo mismo puede decirse de los juguetes: muñecas, carritos, botellas de plástico, tazas de café irrompibles, cocinitas y accesorios como instrumental médico de juguete, bolsos, cajas de herramientas y cazos. Cuando su hijo lo invite a entrar en su mundo de fantasía, resístase a la tentación de dirigir la acción. Quien manda es él y permitiéndoselo refuerza su creatividad y su imaginación.

También contribuirá a desarrollar su juego simbólico si lo expone a una gran cantidad de experiencias en el mundo real. Por ejemplo, si lo lleva al zoológico y le enseña una jirafa de verdad, la jirafa de peluche que tiene en casa se convertirá en vehículo de un nivel superior de juego simbólico.

Sea cual sea el rumbo que adopte la imaginación de su hijo, la actitud que usted demuestre afectará su curso. Déjele tiempo para jugar sin preocuparse por el desorden o por la ausencia de un objetivo concreto. Y, si en un momento dado, no le apetece jugar de este modo, no lo obligue. Déjelo llevar la batuta.

Juego y afecto

Llegar a conocerlo

Qué observará

Aunque los primeros indicios de la personalidad del bebé aparecen hacia los 4 meses, ahora ya tiene una noción real de su temperamento. Dos de los primeros investigadores en este ámbito, Alexander Thomas y Stella Chase, identificaron los cuatro tipos de temperamento más habituales: fácil, lento para adaptarse, difícil y activo. Naturalmente, todos somos únicos y no encajamos perfectamente en ninguna de estas cuatro categorías, pero la clasificación ofrece un marco básico desde el que entender la personalidad de su pequeño. Ser consciente de su temperamento puede ayudarlo a decidir qué juego lo ayudará más a desarrollar sus puntos fuertes y a superar las situaciones complicadas.

Al encajar figuras aprenden a tolerar la frustración, una capacidad muy importante.

Los niños de temperamento fácil no tienen dificultades para pasar de una actividad a otra. Acostumbran a estar de buen humor y muestran emociones moderadas, en lugar de intensas.

Los del grupo de adaptación lenta necesitan tiempo para adaptarse a situaciones nuevas y observan con cautela desde la distancia antes de participar. Los cambios y las transiciones les resultan complicadas. Se les suele calificar de tímidos o de nerviosos y prefieren actividades tranquilas.

Los niños con temperamentos difíciles son sensibles al exceso de estimulación o al cambio en las rutinas. Cuesta satisfacerlos y resulta útil hablarles durante las transiciones («Sé que es duro irse del parque») y aceptarlos tal y como son.

Finalmente, está el grupo de los activos. Estos niños, más que andar o gatear, tienen energía para parar un tren y su naturaleza impulsiva y temeraria hace que cueste más mantenerlos a salvo.

Por qué sucede

El temperamento es innato, así que ha estado ahí desde el primer día. Sin embargo, que el bebé esté preprogramado con un temperamento concreto no significa que no se pueda influir sobre su conducta y sobre cómo interactúa con el mundo. Aprender a trabajar con, en lugar de contra, la personalidad del niño es una de las principales maneras de mostrarle amor y comprensión. ¡También hace que la vida con él sea mucho más fácil!

Cómo divertirse

Las actividades sociales, como participar en grupos de juego o quedar con amiguitos, son fantásticas para los niños de temperamento fácil. Como son tan tranquilos y no se alteran demasiado, es natural asumir que estarán bien con cualquier juego o juguete o incluso jugando solos. Y, aunque así sea, es importante añadir variedad y jugar con ellos de vez en cuando, para exponerlos a gran variedad de juguetes y de juegos.

Los niños de adaptación lenta se sienten más cómodos con juguetes, juegos, libros y canciones conocidos. Ayude al suyo con las situaciones nuevas diciéndole: «Mira, Pedro tiene los mismos ladrillos de juguete que tú», o pidiendo a las personas que no conoce que se valgan de uno de sus juguetes preferidos para conectar con él. Avíselo con antelación antes de intentar nada nuevo.

Como los de la categoría de los difíciles se sienten sobreestimulados con mucha facilidad, reduzca los juguetes al mínimo. Si se da cuenta de que se frustra con un juguete concreto, no se lance a «salvarlo». Dele tiempo para ejercitar los músculos necesarios para tolerar la frustración y, si se enfada, abrácelo durante unos minutos o frótele la espalda con suavidad.

Dele a su imparable pequeño espacio para correr y asegúrese de que esté bien vigilado. Para ayudar a concentrarse a estos niños, que se distraen con facilidad, no les dé más que unos juguetes a la vez, y vaya rotándolos.

Diversión casera

Léale libros que encajen con su temperamento. Los personajes alocados son adecuados para los niños activos, mientras que las historias sobre situaciones nuevas, como mudarse o ir al médico, atraerán a los niños de adaptación lenta.

Juego y afecto

Niño conoce niña

Qué observará

La creciente sensación de autonomía del niño viene acompañada de varias maneras de definirse a sí mismo: prefiere los baños más bien fríos, el zumo de naranja al de manzana y detesta los jerséis que pican. Lo crea o no, también empieza a ver que los niños son distintos de las niñas. Y viceversa.

Con el fin de determinar la edad exacta a la que sucede, varios investigadores de la Universidad Estatal de Pensilvania dieron a un grupo de niños muñecas vestidas de niño y de niña. A los 18 meses, no parecían notar la diferencia y trataban a muñecos y muñecas de la misma manera. Sin embargo, entre los 18 y los 22 meses, la conciencia de los niños aumentaba bruscamente. No es que prefirieran un género al otro, según los investigadores, sino que empezaban a diferenciarlos.

Por qué sucede

Resulta fácil creer que la percepción que tienen los niños sobre lo femenino y lo masculino es innata, no aprendida. Sin embargo, los expertos afirman que reciben estereotipos de género de la televisión, de la publicidad y de la gente que los rodea. Psicólogos de la Universidad Brigham Young concluyeron que los niños de entre 18 y 24 meses miran durante más tiempo imágenes con «incoherencia de sexo», como un hombre haciendo las tareas de la casa. Y un equipo de investigadores canadienses demostró que, a los 18 meses, los niños ya asocian imágenes como osos y martillos a los hombres, y los gatos y los vestidos a las mujeres. Cuando papá hace su parte de las tareas del hogar y anima a su hijo a usar la escoba y el recogedor de juguete, no sólo participa en la vida familiar, sino que modela una imagen muy potente para su hijo o hija.

Ya sea mediante gestos o palabras, los padres y los cuidadores transmiten mensajes sobre el género que influyen en el desarrollo de los niños. Por ejemplo, las niñas suelen ser más habladoras que los niños y es posible que esta mayor capacidad lingüística tenga cierta base biológica. Sin embargo, los lingüistas creen que el don de la palabra aparece porque los padres tienden a hablar de un modo distinto a las niñas y usan más palabras para describir emociones, por ejemplo, y les hacen más preguntas. Con los niños, tienden a usar frases más cortas y en imperativo.

Los juguetes neutros, como las pelotas, contribuyen a que los niños mantengan una mente abierta.

Cómo divertirse

Organice una caja de juegos neutros. Pese a que cada vez son más conscientes del género, niños y niñas siguen sintiéndose atraídos por todos los juguetes. Es probable que los amigos y los familiares inunden a su hija con muñecas y disfraces de princesa; asegúrese de que también recibe alguna pelota y algún camión de bomberos. Y lo mismo con su hijo. Si abraza una muñeca con cariño, dígale: «¡Serás un papá maravilloso!», y si su hija coge una pelota, anímela: «¡Chuta con fuerza!».

¿Sabía que...?

Investigadores de la Universidad de Kansas estudiaron 40 díadas de niños y padres y descubrieron que cuando jugaban con juguetes típicamente masculinos, como camiones, los padres emitían sonidos más animados y hablaban menos. Cuando jugaban con juguetes típicamente femeninos, como muñecas, la interacción verbal aumentaba y se sentaban más cerca de los niños. La próxima vez que juegue con juguetes de niño, intente hablar sobre las aventuras de los juguetes, además de hacer efectos de sonido.

Juego y salud

Un paso adelante

Qué observará

Aunque su hijo todavía no camine, no deja de moverse. A los 12 meses se mantendrá de pie sin ayuda y, sobre los 14, la mayoría ya saben sentarse en cuclillas para jugar, se agachan, suben escaleras y toboganes, y escalan sillas y pilas de almohadas. Arrastrarse, deslizarse y gatear se convierten rápidamente en caminar, normalmente entre los 13 y los 15 meses de edad.

Muy pronto, su inagotable hijo empezará a correr y a lanzarse por los pasillos. Al principio lo hará mirando al suelo y quizás se tropiece cuando deba cambiar de dirección, pero al final de este año su gracioso andar robótico se convertirá en un paso más seguro y utilizará el movimiento básico talón-dedos como los adultos. Probablemente ya podrá correr en línea recta, hacerse a un lado e incluso andar marcha atrás. Y aunque aún no sabrá subir escaleras alternando los pies, sí que podrá subirlas y bajarlas sin ayuda (pero nunca sin supervisión).

Juego seguro

Su hijo parece un mono y el parque es un gran lugar para practicar sus habilidades de escalador, con usted siempre cerca. Asegúrese de que escoge un parque adecuado a su edad, sin equipamientos pensados para niños más mayores, que corran alrededor o, quizás, sobre su hijo.

Por qué sucede

Su hijo cada vez es más consciente del enorme mundo que lo rodea y es curioso por naturaleza. Ahora, su único objetivo es explorarlo por sí solo. En el remolino de movimiento perpetuo, andar acapara la mayor parte de su atención, pero, a diario, se reta a probar una variedad de habilidades y aprende interactuando con el mundo. Si ve un juguete que quiere en una estantería, quizás arrastre una silla para subirse y alcanzarlo. Quizás se cuelgue de las cortinas como Tarzán, para ver qué se siente. O quizás se pase 20 minutos explorando bajo la cama de matrimonio. Y todo antes de la siesta del mediodía.

Esta nueva movilidad junto a la libertad de exploración que conlleva ciertamente refuerzan la musculatura del niño, pero también ejercen un impacto positivo sobre su desarrollo cognitivo y emocional. No hay nada que lo haga sentir más seguro de sí mismo que ser capaz de andar hacia lo que desea y poder cogerlo sin ayuda.

Cómo divertirse

Tenga varias pelotas en casa. Muchos niños no podrán chutarlas hasta el final de este año, pero la mayoría encontrará la manera de moverlas con los pies. Observe cómo va desarrollando las habilidades. Primero la lanzará con el brazo rígido y por debajo del hombro. Pero pronto se dará cuenta de que puede lanzarla más lejos si flexiona el codo.

Los cojines y las almohadas son los mejores amigos de los niños de esta edad. Convierta el comedor en una carrera de obstáculos, con puentes hechos de cojines de sofá y túneles de sábanas blancas. Si añade un hula-hop para que entre y salga de él, aún lo hará más complicado.

La mayor capacidad de motricidad gruesa, junto a la coordinación visual-manual mejorada, convierten los juguetes de arrastrar y empujar con cuerdas y manillares en un gran favorito del repertorio lúdico.

¡Agárrelo si puede! Ahora puede correr, lo que significa que el pilla-pilla está en su futuro inmediato. La emoción de la caza es más que diversión; le permite aprender sobre los límites y le confirma que, aunque ahora puede alejarse, usted siempre está cerca. Si está muy cansado para perseguirlo, haga pompas de jabón y déjele que las cace.

Los andadores ayudan a los niños de 1 año a aprender a andar.

Dos años

Los días de la independencia

* * *

Hitos del juego durante este año

JUGAR SOLO durante períodos de tiempo más prolongados

MEJORAR LA MEMORIA con juegos de parejas

JUGAR EN PARALELO con otros niños

SEGUIR LAS NORMAS de juegos sencillos

JUEGO SIMBÓLICO con muñecos, peluches y sets de juego

TAREAS DE CUIDADO PERSONAL como cepillarse los dientes

PEDALEAR en un triciclo

Los días de la independencia

El año entre el segundo y el tercer cumpleaños de su hijo es una contradicción tras otra. Por un lado, parece que aún sea un bebé: probablemente todavía lleva pañales, se aferra a su mantita de seguridad y se niega a abandonar el chupete. Por otro lado, camina y habla como una personita de verdad, comunica la mayoría de sus necesidades y escucha mejor (cuando quiere, claro). Aunque, en comparación con el año anterior, parece ser capaz de mucho (y actúa en consecuencia), aún hay muchas cosas que quiere hacer, pero no puede. Puede correr, saltar y escalar, pero no siempre se mantiene estable y no puede llegar tan lejos o tan alto como le gustaría. Hacia mediados de este año, es posible que ya sepa hasta 900 palabras y use frases más largas, aunque a veces le faltará vocabulario para describir sus necesidades o sus emociones.

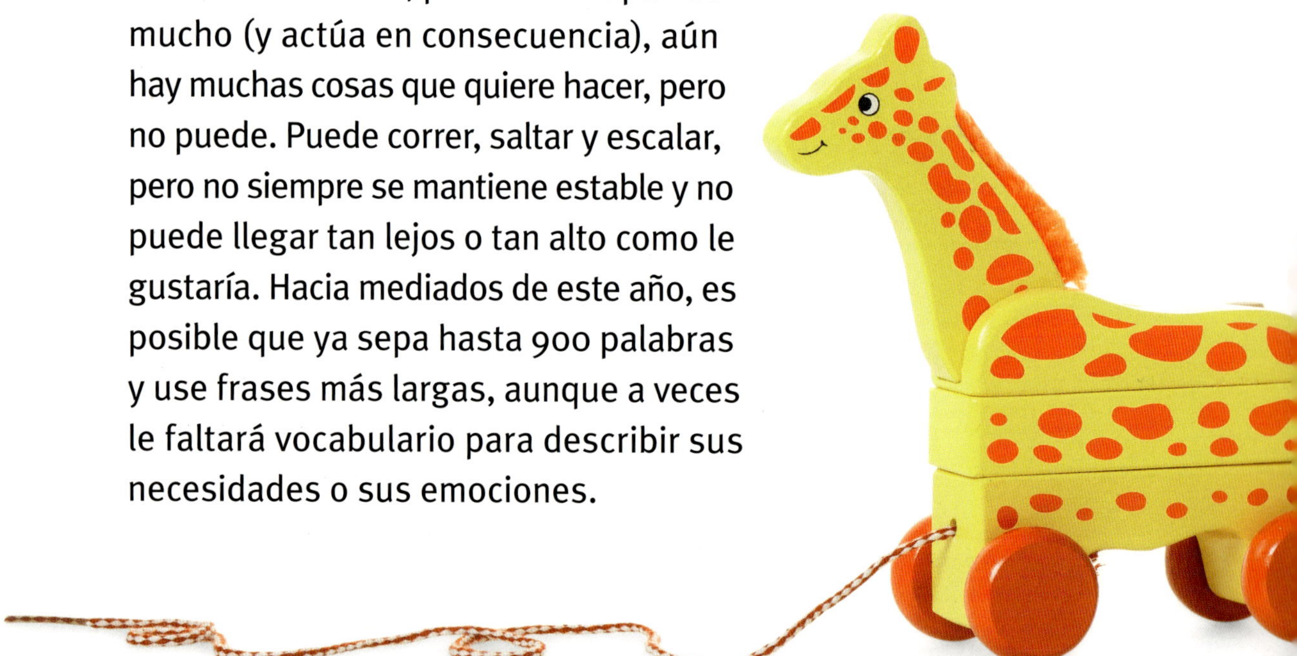

La vida es emocionante, pero hasta el niño de 2 años más pacífico puede encontrarla abrumadora y extraordinariamente frustrante. Tanto si está de acuerdo con el calificativo de «los terribles dos años» como si los está superando con pocas dificultades, prepárese para más altibajos que hasta ahora. Y, aunque no sea fácil, mire lo positivo: es señal de que su hijo continúa evolucionando para convertirse en una persona única.

Todas estas habilidades y el deseo insaciable de explorar el entorno requieren que tanto papá como mamá establezcan más límites a lo que puede hacer. Hay investigaciones que afirman que los niños de 2 años escuchan un «¡No!» cada nueve minutos. Y no le duele sólo a él. Un segundo tiene a un hijo adorable, independiente y capaz; al siguiente, se lo encuentra tirado por el suelo, pataleando y chillando.

Sea cual sea el temperamento de su hijo, puede apostar a que su grito de batalla durante este año será «¡Lo hago yo!». Y no se trata de una pregunta, es un anuncio. Otra de las frases más repetidas de su repertorio es «¡Mío!», porque compartir aún no es su punto fuerte: es incapaz de entender que no todo es suyo. Sin embargo, la palabra dominante del vocabulario será «¡No!», pronunciada alto, claro y con frecuencia, incluso en momentos en que lo que quiere decir es «Sí». La expresión «¡No!» le ayuda a mantener la sensación de independencia y de control sobre un mundo que puede resultar enorme y abrumador.

A pesar de los escollos, también hay mucho de que disfrutar. Durante este año, su hijo dará los primeros pasos en el mundo de la amistad. En el otro extremo del espectro lúdico, será muy capaz de entretenerse solo, algo que hará con gusto. Sus nuevas habilidades garantizan mucha diversión, asombro y risas en el tiempo que pasarán juntos. ¿Acaso hay algo mejor que el sonido de la risa franca de un niño? No es sorprendente que sea en este período en el que los padres se implican más en la vida de sus hijos. Los grandes avances en las habilidades físicas del niño significan que puede jugar con él a la pelota en el jardín, perseguirlo a él o a su nuevo triciclo o salir a pasear juntos. Ahora ya puede seguir normas sencillas, por lo que es posible añadir juegos de mesa y de cartas sencillos al repertorio.

Juego y aprendizaje

En solitario

Qué observará

Muchos niños de esta edad se entretienen perfectamente solos. De hecho, se asombrará de cómo su hijo convierte cualquier cosa, ya sea una caja de cartón o una bolsa del súper, en una nave espacial o en un coche. Un día, la caja de cereales vacía es un tambor; al siguiente, es un cachorro. Su capacidad para el juego simbólico promete períodos más prolongados de juego en solitario, «arreglando» cosas con sus herramientas de plástico o sacando a pasear a los peluches. La capacidad de animar sus juegos con distintas voces y con argumentos habla de toda una serie de cambios cognitivos y de un vocabulario que suele aumentar a un ritmo de unas cinco palabras nuevas al día. A diferencia de cuando era un bebé, en que disfrutaba de los libros sobre todo en tanto que objetos, el contenido de sus historias favoritas hará que ahora los reclame una y otra vez. Aún no puede leer, pero quizás se siente a pasar las páginas y a contarse las historias que ya conoce, o a inventarse otras nuevas.

Por qué sucede

La motricidad fina y gruesa del niño han mejorado, lo que le permite manipular los objetos y explorar por sí solo. Ya no lo necesita para que le quite la tapa a la caja del rompecabezas, puede abrir y cerrar cajones y armarios, y se puede poner el sombrero de vaquero o el casco de bombero él solo.

Uno de los hitos cognitivos más importantes de este año es llegar a entender que un objeto puede simbolizar otro: el perro de peluche representa un perro real y la caja de zapatos es la cama del perro. En un progreso relacionado, se da cuenta de que puede hacer como si fuera otra persona (por ejemplo papá, mamá o su médico) sin serlo. A esta edad, también empieza a notar las diferencias en el aspecto de la gente. Impulsado por la imaginación, ahora más activa, estos avances le abren una variedad de mundos simbólicos en los que disfrutar. Y, con más de dos años de experiencia, ya puede aportar una gran cantidad de información a esos escenarios imaginados. Al mismo tiempo, meterse en la piel de quienes lo rodean le permite empezar a comprender su mundo y a los personajes principales que lo ocupan. Meter cartulinas en la bolsa del súper y decir en voz alta: «Me voy, no llores, hijo», le ayuda a elaborar retos, como la separación, para poder superarlos cuando mamá o papá se vayan a trabajar.

Golpear los tacos con el martillo le da seguridad y lo enorgullece.

Como ahora tiene mucha más capacidad y razonamiento para la resolución de problemas, ya no necesita que nadie lo guíe en el juego. Sabe que debe probar todos los lados de la pieza del rompecabezas para ver si va ahí o no, o que tiene que apilar los ladrillos de otra manera si no consigue mantenerlos estables. Y, cuando no es capaz de resolver un problema inmediatamente, ejercita un rasgo del que carecía el año anterior y que le será muy útil en el futuro: la perseverancia.

> Me quedé asombrada cuando redescubrió sus juguetes y empezó a utilizarlos de otro modo: el clasificador de formas se convirtió en una caja registradora y los juguetes del baño, en mascotas virtuales.
>
> Samanta, madre de tres niños

Cómo divertirse

El juego no estructurado lo ayuda a aprender a entretenerse solo. Además, el aprendizaje no es el único beneficio: más adelante, usted lo agradecerá cuando no tenga a un niño de 5 años preguntándole constantemente: «¿Y ahora qué hago?». En un principio, tal vez deba enseñarle cómo jugar con un juguete o un juego nuevos, pero muy pronto tomará las riendas. De hecho, si lo deja solo, es muy probable que transforme el juego en algo totalmente distinto. O dele un

punto de partida, diciéndole: «Me pregunto qué podrías hacer con esta huevera de cartón», o «¿Por qué no sacas a tu perro al parque?». A continuación, apártese y permítale que le demuestre lo que los expertos ya saben con certeza: los niños aprenden más con los juegos que crean ellos mismos.

Si ve a su hijo encallado o esforzándose con un rompecabezas o un juguete, resista el impulso de rescatarlo. Los padres helicóptero, que sobrevuelan a sus hijos y se lanzan en picado para «salvarlos» les hacen, en realidad, un flaco favor. A no ser que su hijo esté a punto de perder los nervios por completo, es mucho mejor que resuelva él solo su problema, que aprenda por ensayo y error, y que supere la frustración que experimenta al intentar ponerle el vestido a la muñeca. De hecho, varios estudios de investigación han demostrado que aquellos niños pequeños que aprenden a perseverar ante tareas y a superar obstáculos luego tienen una mayor seguridad en sí mismos, más éxito y más paciencia. Hay algo seguro: cuando levante la muñeca, vestida y preparada, verá escritos en su rostro el orgullo y la autoestima.

A fin de animarlo a jugar solo, reúna todas las herramientas necesarias, que tienden a ser juguetes «abiertos», que prenden la creatividad infantil, en lugar de juguetes electrónicos o con motor, donde basta con apretar un botón. Una caja repleta de tubos de papel higiénico, hueveras de cartón, cajas de zapatos, cajas de cereales vacías, papel de regalo, revistas viejas, recipientes de plástico y retales, será fuente de gran diversión para su hijo. Los disfraces, una maleta vieja, un taburete, herramientas y vajillas de juguete y escobas y rastrillos en miniatura son fantásticos para el juego simbólico; y las versiones en plástico, madera o peluche de sus personajes y animales favoritos, así como las muñecas y las marionetas, le ayudarán a poblar su mundo. Una caja de manualidades, con ceras, papel, libros de colorear, barras de pegamento, y pegatinas también puede ser todo un éxito a estas edades. Independientemente del tipo de juego que le guste a su hijo, vaya rotando los distintos juguetes cada dos semanas. De este modo, no lo abrumará con demasiadas opciones y los juguetes viejos le parecerán nuevos cuando los vea unas semanas después.

Por supuesto, a algunos niños se les da mejor que a otros jugar en solitario. Los que son muy activos y sociables tendrán dificultades para quedarse solos. La investigación apunta a que los primogénitos tienen más problemas para jugar solos, porque están acostumbrados a que los cuidadores sean sus compañeros de juegos. Y hay padres a quienes les cuesta apartarse y contenerse para no dirigir o interferir en el juego, especialmente cuando el niño está frustrado.

Diversión casera

Anime a su hijo a jugar solo organizándole su propia «oficina» en el mostrador de la cocina o en la mesa del salón. Dele algunos lápices, libretas, archivadores, una calculadora, un teléfono viejo y un teclado (si le sobra alguno). Se sumergirá en el juego mientras usted hace la cena o paga facturas.

Juego y aprendizaje

Antes y después

Qué observará

El año pasado, o incluso aún a principios de éste, cuando le pedía a su hijo que se esperara un momento, probablemente se ponía a llorar o repetía la petición inmediatamente. Sin embargo, a mediados o finales de este tercer año, ante esa misma respuesta, quizás diga: «Vale» y espere durante unos minutos el zumo que le ha pedido. Le es más fácil seguir instrucciones, así como pasar de una actividad a otra. No sólo entiende mucho mejor lo que se le dice, sino que también comienza a entender y a anticipar sus propias necesidades.

Por qué sucede

Obviamente, su hijo de 2 años no sabe decir la hora ni qué es un minuto, pero la experiencia le ha enseñado que esa palabra significa que pronto tendrá lo que quiere. Además, entiende mejor el concepto de «después» y que ciertas cosas suceden en una secuencia predecible. Su memoria ha mejorado y mantiene la atención durante períodos de tiempo más prolongados, por lo que le es más fácil ser paciente.

Todas las rutinas que estructuran la jornada también contribuyen a desarrollar su noción del tiempo. Por ejemplo, su hijo sabe que, cuando mamá se va a trabajar, es por la mañana, y que

> Hice que mi hija participara activamente en mi rutina de salir a trabajar. Su tarea consistía en traerme el bolso y en cerrar la puerta tras de mí. Así obtenía la sensación de control que necesitaba para afrontar que me fuera.
>
> Teresa, madre de dos niños

el baño significa que es de noche y que se acerca la hora de ir a dormir. Las rutinas cotidianas no sólo hacen tangibles los conceptos temporales, sino que suponen un consuelo: el mundo es más gestionable y seguro cuando uno sabe qué sucederá a continuación.

El desarrollo del lenguaje también refleja su nueva comprensión del tiempo. Cuando exclama «Él *fuo*» o «Yo *cabí*» demuestra una comprensión más sofisticada de cómo funciona el lenguaje y de cómo las desinencias verbales pueden usarse para describir eventos pasados.

Cómo divertirse

Ahora que su hijo entiende que ciertos hechos siguen ciertas secuencias, puede transmitirle

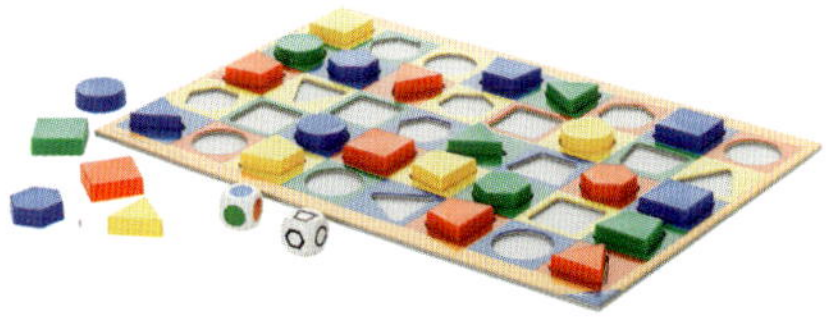

Jugar a emparejar ayuda a reforzar la memoria en el desarrollo de su hijo.

sensación de control. Cuando se acerque la hora de marcharse del parque, por ejemplo, comuníquele qué puede esperar: «Nos iremos cuando te hayas tirado dos veces más por el tobogán». También puede valerse de su deseo de controlar el entorno para lograr que ordene su habitación o se coma la verdura. A esta edad, lo entenderá cuando le diga: «En cuanto guardes los juguetes, nos pondremos a pintar».

Cuando jueguen juntos, su capacidad de entender y de seguir instrucciones sencillas les permitirá disfrutar de juegos de mesa como el juego de la escalera, y su asombrosa memoria puede convertirlo en un campeón de juegos de cartas como *Memory*.

Una manera maravillosa de reforzar las habilidades lingüísticas de su hijo es plantearle preguntas abiertas como «¿Adónde irá hoy tu gatito?». Y cuando responda con sus entrañables malapropismos y errores gramaticales, resista el impulso de corregirlo (no lo entenderá, de todos modos); en lugar de eso, respóndale utilizando las palabras correctas. Por ejemplo, si dice: «Cabí en el armario», respóndale: «¿Cupiste en el armario? ¿Cómo te metiste ahí?».

Juego y afecto

Aquí tienes un amigo

Qué observará

Hace tan sólo unos meses, a su pequeño le encantaba mirar rostros de bebés en libros. Sin embargo, en persona, practicaba lo que se llama «juego en paralelo», que consiste en sentarse cerca de otro niño, pero sin interactuar. Todo esto cambiará este año, en que empezará a relacionarse con sus iguales, en lo que se suele llamar juego cooperativo o de colaboración, y a forjar amistades. Al principio, quizás se limite a observar a los otros niños en lugar de jugar con ellos (probablemente se quedará fascinado con los que son un poco mayores que él). Sin embargo, a medida que avance el año, pasará de la línea de banda al meollo de la acción, un cambio que promete aventuras y retos nuevos.

Por qué sucede

Su hijo lleva unos años aprendiendo sobre su entorno observándolo a usted y a otros adultos. Ahora ha descubierto que es una persona independiente, distinta a papá y a mamá, y que, de hecho, el mundo está lleno de más gente aparte de su familia inmediata. Además, sus capacidades físicas y cognitivas han mejorado, lo que significa que puede correr, escalar y jugar simbólicamente mucho mejor: se ha convertido en un compañero de juegos excelente.

Las amistades ayudarán a su hijo a entender las normas y las conductas sociales, como los turnos, los modales, compartir o negociar. Jugar con un amigo también le enseña a expresar emociones, a comunicarse mejor, y a tener en cuenta las emociones de los demás. Hacia los 24 meses, su hijo ya entiende que no todos comparten sus pensamientos y emociones, un enorme salto cognitivo que ejerce un gran impacto sobre cómo juega con los demás.

¿Sabía que...?

Hay estudios que demuestran que los niños que tienen al menos un amigo íntimo antes de que nazca un hermano establecen mejores relaciones con el nuevo hermanito o hermanita. Los investigadores siguieron a niños desde que empezaron a andar hasta los 18 años y descubrieron que el impacto era duradero. Por lo tanto, fomente las amistades incipientes, ¡sobre todo si hay un hermanito en el horizonte!

Cómo divertirse

Saque el calendario y fije días para jugar con los amigos. Organícelo para momentos en que su hijo esté descansado, no justo antes o en lugar de la siesta, e invite solamente a uno o dos niños, porque demasiados pueden resultar abrumadores (tanto para él como para usted). Por otro lado, no lo prolongue mucho; a este grupo de edad le basta con media hora o una hora. Hasta los niños de 2 años pueden seguir normas sencillas, así que ya podrá enseñarle juegos para que luego juegue con los amigos.

Cuando llegue la hora de compartir, no se enfade cuando con frecuencia grite: «¡Es mío!». Absolutamente todos los niños de 2 años se enfadan cuando otros les cogen sus juguetes, incluso los que no les gustan especialmente.

Los correpasillos biplaza resultan perfectos para los amigos.

Parte de esta reticencia a compartir se debe a la necesidad de controlar el entorno. Tampoco entiende que su amigo sólo toma prestado el juguete y que no se lo llevará a casa. Si a mitad del juego su hijo se aferra con desesperación a un objeto, dígale que lo guardará para que nadie pueda jugar con él. O distráigalo: «¡Vaya! ¡Qué coche! David puede jugar con el tren mientras tú haces carreras con el coche». También, si su hijo está más irritable de lo normal o tiene una rabieta, quizás sea porque está demasiado cansado para jugar aunque no se lo diga, por lo que los juegos deberían acabarse ahí.

Dirija a su hijo y a su amigo hacia juguetes repetidos, como la plastilina, los disfraces o las ceras. Cuando comparta, elógielo inmediatamente y de nuevo cuando el amigo se haya marchado. No se preocupe por el instinto de acumulación de su hijo. Para cuando cumpla 3 años, ya sabrá que no todos los objetos del mundo son suyos.

Juego y afecto

Malhumor

Qué observará

Por algo se conocen como los «terribles dos años». Aunque no todos los niños lo pasan (o algunos lo conviertan en los terribles tres años), es posible que poco después del segundo cumpleaños su hijo se muestre más irritable y temperamental que nunca. Puede estallar en rabietas cuando no logra lo que quiere, o desmoronarse y comenzar a llorar si se siente abrumado o frustrado. Una nimiedad como una galleta rota puede hacerlo explotar y es posible que, cuando se le ofrece otra, grite: «¡No!», pese a que en realidad sí la quiera.

Por qué sucede

El deseo de su hijo de hacer ciertas cosas, como trepar hasta el nivel más alto del laberinto del parque o pedirle lo que necesita, suele superar el nivel de las habilidades físicas, lingüísticas y mentales que necesita para ello. En ocasiones, las emociones que experimenta, pero que no sabe nombrar, pueden resultar desconocidas y abrumadoras. Ser incapaz de expresarse puede resultar muy frustrante (se parece a estar en el extranjero y no conocer el idioma). En consecuencia, siente que la única opción que tiene es gritar, llorar o lanzar una fruta de madera contra la pared. También le cuesta asumir que, por mucho que quiera controlar el mundo que lo rodea, no puede. Los adultos siguen dirigiendo la mayor parte de su vida y diciéndole todo lo que debe hacer (más probablemente, lo que no puede hacer) y todas esas órdenes y «noes» ahogan su sensación de autonomía. Como resultado, surgen los cambios de humor y las rabietas.

Otra gran fuente de frustración para ambos es que, probablemente, usted sobrestima sus capacidades. Al fin y al cabo, ha hecho grandes avances en algunos aspectos y ya parece una personita de verdad, por lo que quizás crea que lo entiende y que puede controlar su conducta más de lo que puede en realidad. Aunque cada vez presta más atención, otros retos, como una canguro nueva o un cambio en la rutina, pueden hacerlo retroceder algunos pasos evolutivos antes de volver a avanzar.

¿Sabía que...?

¿Siente miles de ojos sobre usted cuando su hijo tiene una rabieta en público? De promedio, los niños de esta edad tienen tres rabietas por hora, así que lo más probable es que todos los presentes ya hayan pasado por eso antes. De modo que, la próxima vez que su hijo tenga un ataque en medio del supermercado, dígase «No conozco a esta gente y no los volveré a ver» y céntrese en consolar a su hijo.

Cómo divertirse

No, las rabietas no son divertidas, especialmente cuando suceden en público y todo el mundo observa con desaprobación. Sin embargo, forman parte de la primera infancia, por lo que respire hondo y repítase que su hijo no estará pataleando en el suelo para siempre o cójalo en brazos y cuéntele un cuento. Tenga a mano un juguete especial que pueda usar como distracción cuando su pequeño se desmorone. Algo tan sencillo como un llavero con una lucecita puede ser un antídoto efectivo contra las rabietas.

> Jugar al veo, veo («Veo una bici roja... ¿La ves tú?») mientras caminábamos logró que mi hijo soportara la mayoría de recados y le hizo sentir muy bien, porque lo «veía» todo.
>
> Diana, madre de tres niños

Es muy posible que las rabietas coincidan con las transiciones de una actividad a otra. La diversión y los juegos pueden facilitar las cosas considerablemente. Hagan una carrera para ver quién acaba de recoger o de ponerse la chaqueta primero. Si han de salir de casa y él no quiere, déjelo escoger qué juguete se quiere llevar o prepare una bolsa de «tesoros» para llevar con los que sólo pueda jugar en el cochecito o en el coche. El juego también puede resultar útil en plena rabieta. De nuevo, gracias a que a esta edad el rango atencional es muy corto, un rompecabezas, un libro o un peluche pueden bastar para distraer al niño de brazos frenéticos y rostro anegado en lágrimas.

Los puzles sencillos previenen la frustración.

Los niños de esta edad desean ser los amos de su universo. Permitirles experimentar cierto control y, en su justa medida, independencia, puede ayudar a combatir sus rabietas. Dele muchas oportunidades de hacer las cosas solo, como ponerse el pijama, servirse el zumo o llevar su plato a la mesa. Los pequeños desastres están casi garantizados, pero trate de no enfadarse: pídale que lo ayude a limpiar, de hecho, quizás disfrute haciéndolo.

Sugiérale que escoja a qué quiere jugar («¿Qué prefieres hacer, disfrazarte de bombero o pintar?») o pregúntele: «¿A qué muñecas vamos a invitar al picnic de hoy?». Consúltele a qué parque quiere ir y déjelo escoger algunos de los tentempiés. Permítale también que le mande un poco, dejándole que se invente los juegos o el mundo simbólico en el que van a meterse. A los niños les encanta decirles a mamá y a papá lo que tienen que hacer.

También puede ayudarlo a ponerle nombre a la frustración que experimenta cuando no pueda comunicar bien cómo se siente. A esta edad, justo empiezan a entender que existen palabras que expresan todas esas emociones que bullen en su interior. En los momentos de tranquilidad y sin rabietas, jueguen a que él es el padre y usted es el hijo, que exige una pelota nueva en la tienda de juguetes. Cuando él diga: «¡No!», emplee sus mejores dotes de interpretación para transmitir un gran enfado y diga: «¡Estoy muy enfadado porque no me quieres comprar la pelota!». Sus muñecas y sus peluches serán un medio excelente para representar situaciones, al igual que los libros sobre emociones y la expresión emocional. Los cuentos conocidos o las películas preferidas suelen aportar «momentos educativos» en que resaltar cómo se sienten los personajes: «Cenicienta estaba muy triste porque no podía ir al baile».

Juego y afecto

El nuevo bebé

Qué observará

Por cada niño que recibe a un hermanito nuevo con los brazos abiertos, hay cientos que después de echar un vistazo a la nueva alegría de la familia le dicen: «¡Márchate!». El mismo niño que se abrazaba a la panza de mamá para hablar con su hermanito puede actuar de manera muy distinta cuando los padres, exhaustos, se centran en el recién llegado. Puede sufrir regresiones en aspectos en los que había avanzado (habla como un bebé o llora en lugar de usar palabras, gatea en lugar de caminar o se aferra más de lo normal). La frecuencia de las rabietas puede aumentar y, sorpresa sorpresa, suele coincidir con la hora de alimentar o de dormir al bebé.

Las agresiones al bebé son una reacción normal, por lo que ha de estar atento. E incluso si su hijo actúa con dulzura y afecto hacia su hermanito, asegúrese de que los abrazos y los besos apasionados no sean demasiado fuertes.

Por otro lado, es posible que muestre una indiferencia total ante el bebé recién llegado, lo que puede significar la necesidad de hacer como si el pequeño intruso no estuviera allí, o, sencillamente, reflejar que un recién nacido no es el mejor compañero de juegos. Al fin y al cabo, no hace mucho aparte de dormir, llorar, comer y ensuciar el pañal.

Por qué sucede

Mucho antes de que traigan al bebé a casa desde el hospital, su hijo notará que las cosas están cambiando y es posible que le cueste gestionar la incertidumbre sobre qué sucede exactamente. Cuando llegue el bebé, su conducta, ya sea de desinterés o agresiva, reflejará que ahora ha de compartir su amor y su atención. Y, como en esta etapa el pensamiento del niño es muy concreto, es posible que se pregunte si habrá bastante para todos.

Portarse mal puede ser el modo de encontrar su lugar en la familia. Y es posible que, cuando vea el balancín o la alfombra de juegos del bebé

en la zona que solía ser su dominio exclusivo, le irrite tener que compartir ahora el espacio.

Cómo divertirse

Es posible que «diversión» no sea la palabra que describe mejor cómo afrontar los celos de su hijo mayor hacia el bebé, especialmente cuando usted está privado de sueño. Facilite las cosas iniciando el proceso varias semanas antes de la llegada del bebé. Utilice una muñeca o un peluche para enseñarle qué hará y cuáles serán sus necesidades. Cuando lo alimente, explíquele por qué necesita leche; cuando lo arrope, hágale entender que los bebés necesitan dormir mucho. Póngale un pañal al bebé suplente y pídale a su hijo que lo ayude. También, déjelo escoger un peluche o un libro nuevos para su hermanito o hermanita, para que sienta que forma parte del proceso de bienvenida a casa. La investigación demuestra que los hijos de padres que hablan abiertamente con ellos antes de la llegada del nuevo bebé y se lo presentan como una persona real, se adaptan más y se llevan mejor con él en el futuro.

Cuando llegue del hospital con el recién nacido, dele a su hijo su propio bebé para cuidar. Existen muñecos sorprendentemente realistas y con características físicas parecidas a las de los recién nacidos: cabezas grandes y ojos que se abren y se cierran. Tener a «alguien» a quien cuidar mientras usted está con el bebé no sólo lo entretiene mientras usted está ocupado, sino que le ayuda a identificarse con usted y con su pareja.

Si se muestra agresivo o si grita: «¡No más bebé!», muestre compresión, no enfado. Si le dice: «Ya sé que cuesta mucho compartir a mamá con el bebé», su hijo se sentirá comprendido, se dará cuenta de que esas emociones son legítimas y aprenderá que hablar es útil.

Además de mimos, su hijo tendrá la necesidad de jugar a solas con usted. También dependerá más que nunca de las rutinas cotidianas. Si está acostumbrado a salir al parque todos los sábados por la mañana, pídale a un amigo que pase una hora con el bebé para poder llevarlo.

La vida con un niño sensible y un bebé que necesita de todo no es fácil. Pero aprender a gestionar los celos, la ira y el resto de emociones intensas que pueda sentir es beneficioso para él. Necesita oportunidades a fin de ejercitar la musculatura cognitiva y emocional, y ajustarse a los cambios familiares lo obliga precisamente a eso. Al final, se adaptará y acabará queriendo a su compañero y aliado de por vida.

Jugar con su propio bebé le ayudará a identificarse más con usted cuando atienda al nuevo hermanito.

Juego seguro

Las agresiones de los hermanos mayores al recién nacido (tratarlo con brusquedad o hacer cosas peligrosas, como meter una almohada en la cuna) son inadmisibles. Permítale sostener al bebé en brazos sentado en una silla sólida, pero quédese siempre cerca.

Juego y salud

«¡Lo hago yo!»

Qué observará

El constante soniquete de «lo hago yo» del niño de 2 años va más allá de caminar sin agarrarse, de servirse los cereales o de alcanzar una muñeca arrastrando una silla para subirse a ella. Ahora, su pequeño querrá enjabonarse él solo en el baño, cepillarse el cabello y los dientes, y lavarse las manos. Hacia el final del año, quizás insista en vestirse sin ayuda. Llevará la camisa del revés, el jersey girado y los pantalones sin abrochar y colgando cerca de las rodillas, pero no le importará lo más mínimo. Su sonrisa anuncia que lo más importante es que lo ha hecho él solo.

Cepillarse los dientes es una de las tareas que puede practicar a diario.

Por qué sucede

Desde las primeras semanas de recién nacido, su hijo ha ido mejorando y refinando el control de la musculatura; ahora, entre los 2 y los 3 años, ya empieza a dominar los matices de la motricidad fina. Gracias a la mejora de la destreza manual y de la coordinación visual-manual, ahora puede agarrar (y dejar) cepillos y peines, sostener un tubo de dentífrico mientras lo destapa, ponerse una camiseta y usar un cepillo de dientes mientras intenta maniobrar con él en la boca. También se puede quitar los zapatos y los calcetines (aunque deberá pasar otro año para que sepa ponérselos). Y, aunque quizás no complete estas tareas a la perfección o con facilidad, la combinación de estas nuevas capacidades y de su deseo de autonomía y de control lo impulsan a seguir intentándolo. Cada vez que lo logra y escucha cómo lo elogia por el esfuerzo realizado, la seguridad en sí mismo aumenta y lo motiva a seguir avanzando.

Las nuevas habilidades y la independencia incipiente le sirven para algo más que para ir bien acicalado: le ayudan a sostener mejor los lápices; a mediados de este año verá cómo sus obras de arte pasan de ser garabatos abstractos a imágenes reconocibles; construirá torres de ladrillos más elevadas; y aprenderá a utilizar tijeras infantiles.

Cómo divertirse

Cuando se presente la oportunidad, permítale que haga tanto como sea posible. Las canciones y los juegos facilitan las tareas de aseo personal y las hacen más divertidas. Por ejemplo, incorpore una marioneta para que sostenga el cepillo de dientes de su hijo mientras le habla con una voz divertida: así lo inspirará para abrir bien la boca. Encuentre una canción especial para cuando su hijo se lave las manos. Hágalo durante unos 20 segundos (el tiempo recomendado para eliminar los gérmenes). Dos estrofas de «Cumpleaños feliz» bastarán y, si cambia la letra a algo parecido a «Lavado de manos feliz», seguro que le arranca una sonrisa.

En los días en que no pueda permitirse los 10 minutos que tarda en peinarse o en ponerse la camisa, pacte que lo deje vestirlo a cambio de que él vista a su peluche. Refuerce estas habilidades proporcionándole juguetes, libros y muñecas para practicar con cremalleras, botones, cordones y corchetes. O válgase del juego para acelerar el proceso: hagan carreras para ver quién encuentra antes los zapatos.

Las ceras, las tizas, o bien las tijeras romas también lo ayudan a mejorar la motricidad fina. Los juguetes de arrastrar son de sus preferidos a estas edades, porque ya pueden mirar hacia atrás mientras caminan, por no mencionar que su creciente fantasía convierte a ese perro o pato en su mascota particular.

Implicar a su hijo en las tareas domésticas también lo ayudará a desarrollar más habilidades: armado con una escoba y un recogedor infantiles, lo ayudará con placer. Y ordenar la cubertería o doblar servilletas le permitirá ejercitar los dedos y el cerebro.

Juego y salud

«¡Mira cómo salto!»

Qué observará

Cuesta creer que hace sólo un año que su hijo dio sus primeros pasos tambaleantes. Ahora camina de puntillas, se detiene y reanuda la marcha a voluntad, cambia de dirección, varía de velocidad y sortea obstáculos. A veces tropieza o se cae, pero, por lo general, nunca había sido tan ágil. Aunque sigue descendiendo escaleras poniendo ambos pies en cada escalón (en lugar de alternarlos, algo que hará ya el año que viene), es todo un experto de la escalada. Trepa al sofá y vuelve a descender sin ayuda y ha descubierto una nueva afición: subirse a los toboganes, las escaleras y demás juegos del parque.

También es capaz de ponerse en cuclillas para jugar en el suelo y erguirse sin dificultad. A mediados de año, añadirá otra proeza a su repertorio: saltar con los pies juntos. Además

A esta edad ya tienen capacidades motrices para pedalear en un triciclo.

puede pedalear en un triciclo, una sensación de libertad que le encantará. (Es la versión infantil de obtener el carnet de conducir.)

Por qué sucede

Su equilibrio, su coordinación y su motricidad gruesa han mejorado sustancialmente y ahora puede moverse con facilidad. Y, como resulta tan fácil (y tan emocionante), le encanta hacerlo. Su nueva agilidad lo emociona y quiere practicar, practicar y practicar. Sin embargo, su impulsividad supera a su capacidad de evaluar el peligro. Por ejemplo, un niño de esta edad puede salir corriendo hacia los columpios y golpearse en la cabeza o intentar trepar por una estantería y caerse. Cuando cumpla los 3 años, ya podrá evaluar mejor su entorno y sus propias limitaciones. Mientras tanto, es fundamental permanecer a su lado y estar atento mientras lo deja explorar. Lo más complicado es recordar que no lo desafía cuando sale disparado a la calle. Es lo que está programado para hacer a esta edad. Piense que su cerebro es como un conductor que pisara el acelerador a fondo y que no supiera muy bien dónde está el freno. La investigación ha demostrado que la corteza prefrontal, la región cerebral responsable de la toma de decisiones, aún es una obra en construcción.

Cómo divertirse

Jugar a las carreras con él, para que arranque, se detenga y vuelva a arrancar es una actividad muy saludable que le acelera el ritmo cardíaco y lo ayuda a refinar las habilidades. Esperar «la luz verde» le enseña a controlar los impulsos. Jugar a pillar o a las carreras de obstáculos en el comedor o en el parque es siempre un éxito. También puede poner música y hacer que corra (o baile) como un loco hasta que la música se detenga y llegue el momento de la «¡congelación!».

Intente no sofocar el impulso de explorar y de refinar sus habilidades. Eso significa que ha de equilibrar las advertencias para que tenga cuidado y las oportunidades para correr, trepar y saltar en lugares como parques, ludotecas o clases de gimnasia. En casa, prepare zonas de juego donde pueda saltar y rodar.

Seguir el ritmo de un niño activo puede ser como una maratón, pero es fundamental que su hijo libere energía y fortalezca la musculatura. (Piense en todas las calorías que quemará en el proceso.) Y en una época en que la tasa de obesidad infantil está por las nubes (en España, un 15 por ciento de los niños y jóvenes sufre obesidad y un 25 por ciento padece sobrepeso) el ejercicio físico es imprescindible. Salgan en bicicleta o a pasear en familia por las tardes o los fines de semana.

¿Sabía que...?

Muchos padres creen que los niños de 2 años se distraen con una gran facilidad, porque cambian de actividad o de juguete continuamente. Pero lo que cambia no es el rango atencional del niño, sino su visión. La visión periférica mejora y, como puede ver más cosas en los márgenes visuales, se distrae más.

Tres años

El año mágico

* * *

Hitos del juego durante este año

FANTASEAR durante el juego	**AFRONTAR EL MIEDO** enfrentándose a él	**EXPLORAR** el exterior	**COMPARTIR** y turnarse
PREGUNTAR «por qué»	**CORTAR** con tijeras	**LANZAR** una pelota por encima del hombro	**ESCOGER** un color preferido

El año mágico

Si los primeros 3 años de vida son «los años del asombro», este cuarto año debería ser «el año mágico». Sí, cada edad tiene su encanto, pero los niños de 3 años reciben cada día con los ojos bien abiertos y aguantándose la respiración, con una actitud que parece decir: «¡Hoy va a ser una aventura maravillosa!». Tanto si se trata de abrir la caja de juguetes o la nevera, como si se están enjabonando el pelo o vienen corriendo a enseñar un dibujo, lo hacen con tantas florituras como si cada gesto mereciera un repique de tambores y cada logro, una salva de aplausos.

Tanto la energía como el entusiasmo ilimitados que observará en su hijo a lo largo de este año lo dejarán asombrado (y quizás envidioso). Se queda maravillado ante una mariquita; una bufanda lo convierte en un mago poderoso; y el brebaje que prepara con barro, ramitas y briznas de hierba es un sabroso manjar. El día no tiene suficientes horas para un niño de 3 años (por eso, ahora se resiste a irse a la cama) y su mente, que ahora es una esponja, desea absorber tanta información como pueda desde que el sol sale hasta que se pone.

Su hijo asume que usted comparte esta sensación de asombro y no se cansa de explorar, de explicar y de preguntar sobre el mundo que lo rodea. No se da cuenta de que ha tenido un día pesado en el trabajo o de que se ha olvidado de comprar el pan; solamente sabe que él es un aventurero y que usted es su socio, su profesor, su entrenador y su compañero de juegos. Por suerte para usted, la energía de los niños de esta edad es contagiosa y, probablemente, descubrirá que unirse a él es un antídoto contra el estrés.

Su hijo ha adquirido ya las habilidades y el autocontrol necesarios para disfrutar del juego con otros niños y para establecer amistades cada vez más numerosas. Sus habilidades físicas, como la coordinación, el equilibrio y la fuerza, han mejorado, al igual que su motricidad fina, lo que incrementa la cantidad de juegos y de actividades de las que él y sus iguales disfrutan.

Su floreciente imaginación cataliza una explosión de juego creativo: los dibujos son más detallados; las torres, más elaboradas; los mundos simbólicos, más complejos. Pasará de la realidad a la fantasía con tal facilidad y placer que juraría que realmente vive en un castillo, en un mundo fantástico o en un bosque frondoso. Su insaciable curiosidad dará lugar a una retahíla de preguntas que irán de lo más creativo («¿Por qué hoy la luna se parece a un cruasán?») a lo más mundano («¿Por qué tenemos pelo?»). En ocasiones, es posible que la intensidad de la imaginación y de la curiosidad den lugar a nuevos miedos y fobias, sobre todo cuando sea hora de apagar la luz.

Juego y aprendizaje

El niño inquisitivo

Qué observará

Póngase su gorra de pensar porque, durante este año, su hijo será el presentador de una versión 24 horas de *Saber y ganar* y usted el concursante estrella. Las normas son sencillas: en cualquier momento y lugar, su hijo lo acribillará a preguntas que serán sublimes («¿Cómo llegan al cielo las nubes?»), absurdas («¿Por qué yo yo es momo?») o embarazosas («¿Por qué ese hombre tiene pelo en las orejas?»). Se esperará de usted que responda a la misma pregunta («¿Por qué?») al menos una docena de veces al día.

Por qué sucede

Este año, la imaginación de su hijo alcanzará cotas extraordinarias y alimentará su curiosidad. El mundo que lo rodea, lo emociona y lo asombra y necesita mucha información para entenderlo. Cuando tenía 2 años, le bastaba con jugar en la bañera y no se planteaba cómo llegaba el agua allí. Ahora quiere saber de dónde viene, a dónde se va después, y si él puede colarse por el desagüe también. Antes, le bastaba con saltar en un charco; ahora, se pregunta cómo ha llegado allí su reflejo, y por qué hay charcos con barro y charcos limpios. Armado con habilidades lingüísticas que ahora le permiten preguntar lo que le preocupa, quiere saber cómo funcionan las cosas, de que están hechas, a dónde van... y, si no sabe cómo formular una pregunta, siempre tiene un comodín: «¿Por qué?».

El rango atencional de los niños de 3 años es más prolongado, por lo que pueden atender a las respuestas y seguir argumentos mejor que antes; la memoria madura y les permite relacionar la información nueva con experiencias pasadas. Son extraordinariamente sociales y descubren que toda esta «investigación» logra que estén pendientes de él.

Las lupas son herramientas perfectas para su pequeño explorador.

Cómo divertirse

No, no es necesario que memorice la enciclopedia o recurra a los libros de la escuela para responder a todas las preguntas de su pequeño científico. Lo que sí tiene que hacer es escuchar con tanta paciencia como le sea posible (que no siempre será mucha) y reflexionar antes de responder. Si no sabe cómo llegan las nubes al cielo, elógielo por haber pensado en una pregunta tan buena y propóngale buscar la respuesta juntos en la enciclopedia, en Internet o en la biblioteca. Si en ese momento no puede, dígale: «Ahora no estoy seguro, lo miraremos cuando lleguemos a casa. Pero, si tuviera que decir algo, diría que...». Mejor aún, pídale que sea él quien piense en una explicación para el misterio de las nubes o el del agua que se va por el desagüe. Así ejercitará su imaginación y se asegurará de lograr risas de aprecio. Y, si puede, registre las preguntas de su hijo en un libro o en un diario. Le gustará recordar esta época.

Los juegos como veo, veo o las 20 preguntas son perfectos para su curioso Adrián (o Adriana). Puede proponerle una versión más fácil y describir a una persona conocida para que él adivine de quién se trata. A su intrépido explorador también le encantarán las búsquedas del tesoro en el parque o en el jardín, especialmente si lo arma con binoculares, una red para mariposas o con una lupa.

Juego y aprendizaje

¡Imagina!

Qué observará

Tenga lápiz y libreta a mano porque, durante este año, querrá apuntar tantas de las muchas y asombrosas ocurrencias de su hijo como pueda. Cuando tenía 2 años, los juguetes estimulaban el juego imaginativo: «cocinaba» en su cocina en miniatura, o empujaba los camiones en una colina del parque. Ahora da un paso más y ya no sólo los utiliza de manera convencional, sino que los transforma. Ahora la cocina es el lugar donde una bruja elabora pociones y el cochecito es un mostrador donde exponer la fruta de su tienda imaginaria. Y, en ocasiones, ni siquiera necesitará juguetes con los que jugar, porque los mundos que crea en su mente ya son lo suficientemente ricos.

Ahora puede «escribir» historias más ricas y su concentración y atención han mejorado, por lo que la manera en que juega en solitario es muy distinta. Puede permanecer sentado durante largos períodos de tiempo, inmerso en un mundo de fantasía con su elenco de figuras de plástico o de madera, parloteando sin cesar mientras les hace correr aventuras bajo la silla de su habitación. En esos momentos, no es que imagine ser un superhéroe, *es* un superhéroe. Mírelo y se dará cuenta de que tanto podría estar escalando un edificio como en el jardín. Intente no interrumpirlo, son mundos bastante privados y, si se da cuenta de que lo observa, quizás deje de jugar.

Por otro lado, quizás le presente a su nuevo amigo, ese al que sólo él ve y escucha. Se estima que el 65 por ciento de los niños de esta edad tienen amigos imaginarios, que suelen tener un nombre y una personalidad definida. Además de ser un consuelo, los amigos imaginarios son un excelente chivo expiatorio para explicar la leche derramada o los dibujos en la pared: «¡No he sido yo, ha sido él!».

Por qué sucede

El juego simbólico es más que diversión. Es una señal de que las habilidades cognitivas de su hijo van madurando y acercándose a las de un adulto. El año pasado se limitaba a imitar conductas que había observado, como alimentar a un bebé o apilar ladrillos. Ahora ha dado el salto al pensamiento simbólico, en el que puede usar una cosa para representar otra. Por ejemplo, convierte un ladrillo de madera en la tostada que ha preparado en su cocina de juguete, o una caja de pañuelos en la caja registradora de su tienda imaginaria. Además, ahora que tiene 3 años recuerda mejor lo que ha visto o vivido en el pasado y utiliza esta información del mundo real como inspiración para su mundo imaginario. Se concentra más y ahora puede participar en secuencias de hechos más largas, en lugar de repetir la misma acción una y otra vez, como hacía el año pasado; y el progreso de sus habilidades lingüísticas le ha otorgado las palabras necesarias para crear mundos más detallados tanto en su cabeza como fuera.

Este tipo de juego también puede convertirse en una parte importante de la vida de su hijo, porque la mayoría de los niños de esta edad no son capaces de diferenciar entre fantasía y realidad. Aunque no se sabe exactamente por qué, una teoría explica que los dos hemisferios cerebrales del niño de 3 años (el derecho es responsable de las habilidades perceptivas y el izquierdo de las analíticas) aún no funcionan en sincronía (y, probablemente, no lo harán hasta, aproximadamente, los 4 años).

Los animales y las figuras de plástico sirven para espolear el juego imaginativo.

Diversión casera

Jueguen a «acaba el cuento». Empiece a contarle un cuento y luego dele un minuto para que siga él. A continuación, le tocará a usted seguir con el argumento. Vayan turnándose y vea cómo se desboca la imaginación de su hijo.

> Cuando estamos en un atasco o de compras, me fijo en un desconocido y le pido a mi hijo que me explique un cuento sobre su vida. Así ejercita su imaginación al tiempo que nos entretiene durante horas y horas.
>
> David, padre de dos niños

Tanto si es el protagonista de las historias que se inventa, como si imagina escenarios para sus figuras y peluches o como si tiene un amigo imaginario, el juego simbólico le ayuda a entender el mundo. Al fin y al cabo, cada día procesa una gran cantidad de información nueva, lo que puede resultar abrumador. El juego imaginativo le ayuda a procesarla y a entenderla mejor. Por ejemplo, cuando actúa como papá cuando se va al trabajo, comunica cómo se siente ante las despedidas. Cuando juega a ser el profesor, practica cómo es dirigir a los demás.

Cómo divertirse

El cerebro de su hijo es como la proverbial esponja, así que todo lo que le rodea le fascina y puede entretenerse solo en cualquier sitio, a cualquier hora y con cualquier cosa. Si no tiene más que tres ramitas, una será mamá, otra papá y otra el bebé; o convertirá un azucarillo en la almohada del soldadito de plástico. Dada esta curiosidad natural, encenderle la televisión o el ordenador y apagar su sentido de la imaginación y de la aventura es hacerle un flaco favor.

Necesita, y desea, utilizar todos sus sentidos y cuanto más activa sea su participación (en lugar de ser un recipiente pasivo), más aprenderá del juego. Su hijo está aprendiendo a percibir las diferencias en el mundo que le rodea y ahora sabe que los médicos llevan un uniforme y los bomberos otro, o imagina que tiene el pelo largo cuando hace de mamá, pero corto cuando hace de papá. Para mejorar su comprensión, léale libros sobre distintos tipos de personas en países diferentes y cómprele muñecos de distintas culturas. Anímele a notar las diferencias en la naturaleza examinando distintos tipos de insectos, piedras, hojas y árboles. Aún será más divertido si llevan cazamariposas y equipos de exploración infantiles.

Antes de empaquetar los juguetes del año pasado, recuerde que los saltos en el desarrollo significan que, ahora, empezará a interactuar con los juguetes viejos de una manera nueva. El año pasado usaba como telescopio el rollo de papel de cocina; ahora lo transformará en una espada, un árbol o una serpiente. Y todo en un mismo día. La escoba en miniatura que usa para ayudarle con la limpieza se convierte en guitarra, en espada

láser o en el asta de la bandera de su fuerte. Disfraces; tiendas de campaña para niños (con frecuencia con forma de castillo o de barco pirata); vajillas de juguete; bolsos repletos de llaves, de pintalabios y de teléfonos móviles de juguete; herramientas de plástico; cajas registradoras; alimentos de juguete; muñecos equipados con pañales, biberones y baberos; juegos de té y de picnic; aspiradoras de juguete... todo son estímulos excelentes para el juego simbólico. Este año pasará de abrazar a los peluches a otorgarles papeles en sus cuentos, por lo que le encantarán las versiones en madera o peluche de sus personajes y animales preferidos.

Si tiene un amigo imaginario, no intente convencerlo de que su amigo invisible no existe (por lo que no necesita silla para sentarse a la mesa). Es mejor seguirle la corriente y decirle a «Félix» que si derrama la leche, tendrá que limpiar la mesa. También puede utilizar al amigo para ayudar a su hijo a afrontar las situaciones complicadas. Si parece que la visita al médico o a la guardería nueva lo pone nervioso, pídale que le explique a su amigo imaginario qué puede esperar. O, si ponerle el pijama se ha convertido en una batalla campal, anuncie a «Félix» que está a punto de empezar la Gran Carrera del Pijama. ¡Y asegúrese de que su hijo sale victorioso!

Juego seguro

Saque los zapatos de tacón de mamá de la caja de disfraces y acorte la ropa demasiado larga, para evitar el peligro de tropezar. Retire también todos los broches, pins o chapas con cierres afilados y sustitúyalos por complementos más seguros.

Juego y aprendizaje

Monstruos bajo la cama

Qué observará

Éste es el año en que su hijo quizás empiece a encontrar monstruos y «gente mala» bajo su cama en cuanto se apaguen las luces. Imágenes de la televisión aparentemente inofensivas, un animal en el zoo infantil, o un desconocido amistoso que le habla en el autobús pueden hacer que se esconda entre sus piernas. Quizás tenga más pesadillas que antes y se muestre inconsolable mientras intenta convencerlo de que el sueño no era real. Las conversaciones sobre la realidad y la fantasía y los esfuerzos por demostrar que algunas de las cosas que dan miedo son de mentira, caerán en saco roto. La máscara de Halloween puede dejarlo temblando mucho tiempo después de que la persona que se escondía tras ella se la haya quitado. Y el «¡Te voy a comer!», que el año pasado lo hacía gritar de placer, ahora lo hace estallar en llanto, especialmente si altera la voz o hace muecas mientras lo persigue.

Por qué sucede

Todos estos miedos y fobias son la parte negativa (u oscura) de la rica y vívida imaginación de su hijo. Los niños de esta edad no tienen clara la frontera entre la fantasía y la realidad. Aunque es enternecedor que crea en los Reyes Magos, no lo es tanto que salga corriendo porque está convencido de que el ogro de la televisión quiere atraparlo. Incluso cuando juegan juntos, quizás le cueste entender que tan sólo hace un papel. ¡Puede llegar a creer que mamá se ha convertido en una bruja!

Los golpes y los arañazos también son miedos habituales, porque caerse en el parque y hacerse cortes en los dedos le han enseñado qué es el dolor. Además, a mediados de este año, cuando ya entienda la mayoría de lo que se le dice, se tomará las cosas de una manera más literal. Cuando jueguen a pillar y le diga que se lo va a comer o que como no salga de la bañera se convertirá en uva pasa, no se sorprenda si le responde gritando «¡No me comas!» o «¡No quiero ser una pasa!».

Un piloto nocturno puede ayudar a superar el miedo a la oscuridad.

Cómo divertirse

Preste atención a lo que su hijo de 3 años ve en televisión. Por ejemplo, intente no poner las noticias si él está delante, aunque sea el único momento en el que pueda ponerse al día de la actualidad. Quizás piense que son inofensivas, porque solamente están de fondo, pero como los niños de esta edad están tan conectados con su entorno, asimilan imágenes y emociones aunque todavía no entiendan las palabras. Hay investigaciones que sugieren que si un niño ve algo repetido en las noticias, como las mismas imágenes de un puente derrumbado o de un terremoto, puede creer que está sucediendo una y otra vez.

Los *sprays* «matamonstruos» o los rituales para buscar las brujas y los fantasmas que según su hijo viven en el armario pueden confirmarle que sus miedos tienen base real; al fin y al cabo, si no hubiera serpientes bajo la cama, ¿por qué iban mamá y papá a examinar el suelo con una linterna? Por otro lado, no menosprecie los miedos de su hijo: abrácelo y tranquilícelo diciéndole que los enormes objetos que ve en la oscuridad no son más que la sombra de la estantería (quizás tenga que apagar y encender la luz varias veces, o ponerle una luz piloto).

Los libros pueden ser una gran ayuda a la hora de enseñarle que no es el único que tiene miedo de la oscuridad o del médico. Mientras le lea, plantéele preguntas abiertas acerca del cuento, como: «¿Por qué la Hermana Osa tiene tanto miedo de ir al dentista?». De este modo reforzará su lenguaje y podrá entender mejor qué lo preocupa.

Juego y afecto

Generosidad y empatía

Qué observará

El año pasado, su hijo dio el gran salto del juego en paralelo al juego recíproco. A esa edad probablemente se limitaba a observar a los otros niños desde la banda antes de unirse a la acción y todavía necesitaba ayuda adulta para sentirse cómodo con sus iguales. Pero ahora, un año después, estar con otros niños le resulta más fácil y emocionante. Aunque, probablemente, no domine realmente la virtud de compartir hasta su cuarto cumpleaños, ya empieza a aflojar la garra sobre sus juguetes.

También empezará a cambiar el modo en que interactúa con sus amigos. Ahora hablan, ríen y comparten mundos imaginarios. Puede que incluso ascienda a uno o dos niños al rango de «mejor amigo» (aunque no sepa exactamente qué quiere decir eso). El año pasado era usted quien decidía cómo ocupar su calendario social, pero ahora ya le pide quedar con ciertos niños.

Un aspecto reconfortante de la conducta de su hijo en el terreno de la amistad es la facilidad y el entusiasmo con que forja amistades. A los pocos minutos de haber llegado al parque, su hijo de 3 años ya estará participando en la construcción de una pista de carreras para el caballo de juguete de su nuevo amigo o se dirigirá al tobogán agarrado del brazo del niño al que acaba de conocer. A diferencia de los adultos en una cena, los niños de 3 años rara vez inician conversaciones intrascendentes y van directamente al grano: divertirse. (Es posible que lo hagan incluso aunque les cueste acercarse a los adultos.)

Por qué sucede

Ahora su hijo es mejor compañero de juegos, dado que está adquiriendo la capacidad de compartir y de esperar su turno. Durante los años siguientes, reforzará la capacidad de demorar la recompensa, pero ahora ya empieza a entender la importancia del toma y daca en las relaciones. A mediados de este tercer año, probablemente ya le será más fácil esperar su turno para el tobogán o para llevar la corona de hada de su amiguita.

Ahora su hijo ya dispone de habilidades de resolución de problemas que le permiten resolver conflictos y coordinar el juego con los

Los juguetes que vienen en pares enseñan a compartir.

amigos. Por ejemplo, quizás se apropie de un juguete pero, cuando vea que su amigo se niega a jugar con él, probará con una actitud distinta.

A algunos niños de esta edad les resulta más sencillo que a otros entender las normas sociales. En función de su temperamento serán más sensibles al rechazo o tolerarán peor la frustración, lo que influirá sobre su capacidad para jugar durante períodos prolongados de tiempo. De todos modos, la mayoría de niños de esta edad descubren el placer de compartir con sus amigos mundos imaginarios complejos. Uno anuncia: «Ahora somos aviones» y el otro despliega sus alas de inmediato. La coreografía de estos juegos se volverá más elaborada en el plazo de un año, en que comentarán a dónde van y qué harán allí, pero ahora ya es mucho más divertido que volar en solitario.

Existen estudios que sugieren que su hijo aprenderá una docena de palabras nuevas cada día. Y la expansión de su vocabulario mejora su capacidad de expresión y de comprensión. Esto, combinado con la imaginación más potente, le permitirá hablar más con sus amigos, inventarse historias y contarse chistes (que sólo pueden resultar graciosos para los niños de 3 años).

"Cuando tenía prisa por llegar a algún sitio con los niños, nos convertíamos en aviones. Les encantaba despegar hacia el coche, planear por las calles y aterrizar allá donde fuéramos.

Sara, madre de dos niños"

Otra demostración de las habilidades sociales de su hijo es que ahora puede empatizar con los demás. A diferencia de hace un año, ahora sabe que sus emociones son diferentes a las de los demás, y viceversa. Se sorprenderá (y se sentirá orgulloso) la primera vez que lo vea consolar a un amigo que se ha dado un golpe o al que se le ha caído el helado al suelo. Le dará palmaditas en el hombro y le ofrecerá palabras de consuelo, como «No llores» o soluciones, del tipo «¡Tu mamá te puede comprar otro!».

Los amigos también son muy importantes a estas edades, porque a su hijo le resultará emocionante ver que hay otros que hablan su mismo lenguaje, literalmente. Al fin y al cabo, no hay nada mejor que encontrar a un compañero de su mismo tamaño, al que le encantan los dinosaurios y los charcos y que se ríe hablando sobre caca-culo-pis.

Cómo divertirse

Ahora es el momento de quedar con los amigos, sobre todo con aquellos que su hijo mencione a menudo. Permítales jugar solos, en lugar de planificarles todas las actividades o de intervenir a la primera señal de conflicto. No sólo es más divertido, sino que le enseñará a su hijo qué es la amistad y lo obligará a resolver conflictos.

Como quizás aún le resulte difícil compartir, ayúdelo jugando a juegos de mesa y de cartas sencillos que requieran turnarse y corresponder. Juegue con objetos individuales, como un molde de galletas o un rompecabezas, y hágalo esperar mientras lo utiliza. Un juego tan sencillo como el de pasarse la pelota puede ayudarlo a aprender a demorar la recompensa: antes de pasarle la pelota, cuenten juntos y aumente el tiempo de espera progresivamente.

Las habilidades motrices de su hijo mejoran, lo que amplía la gama de juegos que puede compartir con sus amigos. Por ejemplo, pueden perseguirse por el jardín, escalar los juegos del parque y, más adelante este mismo año, jugar a la pelota.

Hay muchos juguetes ideales para el juego fantasioso con amigos. Las marionetas requieren que colaboren en la obra y que se turnen para ser público y actor. Las cajas registradoras y los carritos de la compra los ayudan a jugar al supermercado. Los alimentos de madera o de plástico y los «menús» de papel son fantásticos para jugar a los restaurantes y los equipos de acampada los ayudan a imaginar que duermen bajo las estrellas.

Diversión casera

A estas edades, los niños comienzan a entender los beneficios de cuidar de otros seres vivos, como plantas y flores. Dele a su hijo su propia regadera y pídale que lo ayude a plantar semillas o a arrancar malas hierbas. O, si tienen problemas de espacio, intente hacer germinar judías en un recipiente de plástico o sumerja un hueso de aguacate en una jarra con agua, para ver cómo hecha raíces. Elógielo por sus esfuerzos y por su entusiasmo, para reforzar lo mucho que valora su capacidad de ayudar a otro ser vivo a crecer y a florecer.

Juego y afecto

La edad del entusiasmo

Qué observará

Pasión, efusividad, energía y mucho entusiasmo. Los niños de esta edad viven la vida con ardor, con fervor y con emoción. Cuando llega a casa, su hijo lo saluda abalanzándose sobre usted y plantándole besos en la mejilla. Abraza con tanto entusiasmo a su amigo que a veces lo derriba. Y recibe los descubrimientos que hace a diario con el equivalente preescolar de «¡Eureka!».

También siente afecto por sus juguetes y por sus muñecas. Tanto si se trata de un muñeco de peluche como de un camión de metal, es posible que lo vea abrazándolos con ternura. Es un período en el que posiblemente desarrolle obsesiones por ciertos objetos, como la camiseta que ha de ponerse cada día o un personaje de dibujos animados del que es el experto número uno. O quizás le encante un color que dicta todas sus decisiones, desde la ropa que lleva a los alimentos que come.

> El lenguaje de mi hija está en plena explosión y se expresa de una manera tan adorable que he empezado a grabarla en vídeo. Enciendo la cámara cuando está distraída y capturo los momentos más espontáneos.
> Paula, madre de dos niños

No sólo demuestra afecto mediante el lenguaje corporal. También usa palabras. Cuando lo arrope por la noche, se le hará un nudo en la garganta cuando le diga: «Te quiero» sin que se lo haya pedido. También proclama su pasión por todo, desde su canguro a su mantita.

La visión positiva que su hijo atribuye a todo da nueva vida a los juguetes de siempre. Verá el mismo juguete que ha visto ya mil veces y dirá: «¡Mi rompecabezas de dinosaurios!» como si fuera nuevo.

Por qué sucede

Este año, la capacidad de su hijo para percibir detalles aumentará considerablemente. Se concentra en todo lo que hace y se acerca al mundo con tanto entusiasmo, precisamente porque ve algo nuevo cada vez que mira a su alrededor. Además, algunas de sus capacidades físicas, como fuerza y coordinación, también mejoran, por lo que puede hacer más cosas en su entorno, agarrar y manipular objetos que se encuentra y compartir los descubrimientos con sus amigos, cada vez más numerosos.

Es más independiente de lo que nunca antes ha sido en su (corta) vida y ahora comienza a entender lo grande que puede ser el mundo en el que vive, un concepto abrumador que puede desembocar en la necesidad de predictibilidad y de control. Exigir la misma camiseta o ver el mismo dibujo animado a diario puede resultar un consuelo y aportar seguridad durante este período de crecimiento acelerado.

La preferencia por un color concreto suele aparecer hacia los 3 años.

Cómo divertirse

Es posible que esté aburrido del amarillo, de ese personaje o de ese juguete o libro que escoge una y otra vez (y otra y otra). Pero concédale esa obsesión, porque es otra manera de aprender y de absorber información. Al vivir en un mundo completamente lila, aprende sobre las distintas texturas, formas y propiedades de los objetos de ese color. Cada vez que reconstruye el mismo rompecabezas o lee el mismo libro, aprende más cosas.

Juego y salud

Jugar con las manos

Qué observará

La creatividad de los niños de 3 años está en un punto álgido y su manera de agarrar el lápiz, casi adulta, transforma los garabatos del año pasado en dibujos de muñecos de palo y de formas reconocibles. A medida que pasen los meses, la capacidad de dibujo irá evolucionando y será capaz de crear un elenco de personajes más amplio, al que añadirá detalles interesantes, como cabello y ropa. Es un maestro del libro de colorear y, cuando quiere, no se sale del borde. Y, cuando conquiste las tijeras, se quedará tan fascinado que comenzará a cortar sin darse cuenta, sólo para ver qué pasa. Ármelo con una barra de pegamento o con un bote de cola y decore las paredes con un sinfín de *collages* y de creaciones artísticas.

En general, ahora es más capaz de apilar y equilibrar bloques de construcción y de ordenar y ensamblar objetos. Puede encajar un ladrillo de plástico con otro, enhebrar cuentas grandes o macarrones y moldear plastilina.

Por qué sucede

Ciertamente, la imaginación desbocada de su hijo tiene algo que ver con este despliegue artístico. Sin embargo, es el desarrollo de la motricidad fina, de la coordinación visual-manual y de las habilidades espaciales lo que ahora le permite sostener un lápiz pequeño, recortar una forma sencilla o agarrar objetos diminutos, como lentejuelas, y pegarlos sobre papel. Las niñas quizás estén por delante de sus amigos en estos aspectos, porque suelen desarrollar la motricidad fina antes que ellos. Si a su hijo le cuesta mantener en pie la torre de ladrillos, tenga paciencia. Todo llegará.

No sabe qué va a dibujar cuando aplica el lápiz al papel, pero le encanta describir el dibujo una vez lo ha terminado. Cuando utiliza las manos para crear, sigue estudiando texturas, formas y colores, algo que ya empezó a hacer en la cuna. Y al igual que las primeras experiencias táctiles ejercieron un gran impacto sobre su cerebro en desarrollo, exponerlo ahora, a los 3 años, a gran cantidad de materiales distintos impulsa de forma drástica sus habilidades cognitivas.

Cómo divertirse

Una caja bien equipada para las artes plásticas será ideal para su hijo de 3 años. Llénela con plastilina, lápices de colores, papel, libros de colorear, tijeras, plantillas, barras de pegamento, pegatinas, sellos y ceras. Ahora que su hijo es un poco mayor, puede añadir nuevos materiales, como rotuladores y pinturas. A pesar de que pueda parecer que es llamar a la catástrofe, las herramientas de «niño grande» le harán sentirse seguro de sí mismo y fomentarán su creatividad. Para mantener los desastres al mínimo, practique

El desarrollo de la motricidad fina le permite recortar formas sencillas.

una política de contención: dedique un lugar específico de la casa a los proyectos creativos: una mesa y un par de sillas de tamaño infantil, y estanterías con materiales, o una esquina del mostrador de la cocina junto a un cajón bien equipado. Compre un par de cortinas de ducha o de hules baratos para proteger el suelo.

Menos suele ser más cuando se trata de espolear la creatividad, especialmente en niños de esta edad, a los que un poco de cola en un plato de plástico intimida menos que una botella entera, que han de coger, apretar y apuntar correctamente para que todo vaya bien.

Independientemente de lo que esté creando con su hijo, resista la tentación de corregirlo. Si pega el ojo en el estómago del muñeco de nieve o pone más cola que brillantina en el *collage*, déjelo. Experimentar sin normas ni restricciones lo ayuda a aprender.

Refuerce sus habilidades motrices finas y su coordinación permitiéndole que practique con cremalleras, botones y presillas, tanto dejándolo que se vista solo como ofreciéndole juguetes, libros y muñecos diseñados para enseñar estas habilidades. Permítale que le ayude con tareas domésticas en las que deba ejercitar los dedos: envolver las sobras o servirse zumo de una jarra de plástico pequeña en su taza. Pídale que doble las servilletas de papel para la cena o que lo ayude a limpiar la lechuga de la ensalada.

Juego y salud

Todo a la vez

Qué observará

¡Cómo ha volado el tiempo! Es lo que exclamará cuando vea a su hijo correr y saltar con facilidad. Ahora es capaz de acelerar en el triciclo, lanzar una pelota por encima del hombro o atrapar una pelota grande (normalmente, extendiendo ambos brazos y apretándola contra el pecho). Ya no necesita darle la mano para subir las escaleras; ahora lo hace alternando ambos pies e incluso salta desde el último escalón. De hecho, la escalada es su fuerte y se quedará asombrado con su agilidad en el equipamiento del parque.

> Cuando llueve, construyo una portería en el comedor y yo hago de portera para que mi hijo tire penaltis. ¡No es un campo enorme, pero funciona!
>
> Zoe, madre de un niño

Vuela hasta arriba del tobogán, se columpia con mayor fuerza y rapidez, impulsándose rítmicamente con las piernas, y puede chutar y pasar una pelota.

Por qué sucede

Durante su primer año de vida, su pequeño triplicó su peso y duplicó su estatura. Entonces, la cabeza tenía un tamaño mucho mayor que el resto del cuerpo, mientras que las piernas eran relativamente pequeñas y cortas. Este año, su hijo sigue creciendo en peso y estatura, pero más lentamente. Su cabeza ya no crece tan rápidamente (a los 2 años, alcanza el 90 por ciento del tamaño adulto), por lo que ya no resulta desproporcionada respecto al resto del cuerpo. Al mismo tiempo, brazos y piernas se alargan y se robustecen y empieza a perder las lorcitas infantiles (algo que, seguramente, le entristezca un poco). Está más proporcionado, por lo que el centro de gravedad se acerca más al centro del cuerpo, en lugar de al pecho, como cuando era bebé. Todos estos cambios físicos tan significativos implican que su hijo posee más fuerza, más control sobre su cuerpo, más coordinación y más agilidad y equilibrio.

Su hijo está aprendiendo a lanzar y a atrapar la pelota.

Cómo divertirse

Ya no tiene que esforzarse tanto para mover el cuerpo, por lo que ahora disfruta corriendo, saltando y escalando. Hacia finales de este año, cuando controle aún mejor el cuerpo y los impulsos, podrá jugar con él a «semáforo rojo, semáforo verde», a pillar, a las sillas musicales y a «Simón dice».

Sáquelo a la calle para jugar a pasarse la pelota y a chutarla. También puede subirse al triciclo o a juguetes con pedales, que no sólo reforzarán sus piernas, sino que, además, serán fuente de inspiración para su juego imaginativo. Salgan a pasear en familia o, mientras usted hace *footing* o marcha, deje que él lo acompañe con la bicicleta. Organicen carreras de obstáculos en el parque, para que los sortee corriendo o con la bicicleta. Obviamente, ahora que su hijo ha adquirido velocidad, jugar a pillar es mucho más divertido, y es posible que se sorprenda al ver lo mucho que ha de esforzarse para atraparlo.

Juego y salud

Batalla nocturna

Qué observará
Su hijo, que hace sólo un tiempo era un dormilón, ahora empieza a protestar ante la mera mención del pijama. A veces, sale corriendo y se esconde o rompe a llorar, porque quiere seguir jugando. El aviso de los 5 minutos se alarga a 10 repletos de lágrimas. Y, cuando finalmente lo atrapa, es mucho más fuerte, rápido y escurridizo de lo que soportan su paciencia y su energía. Es posible que la misma escenita se repita a la hora de la siesta, por mucho que vea que se frota los ojos y que está a punto de caer redondo.

Por qué sucede
Tiene todo el mundo por explorar, así que lo último que desea es perder tiempo durmiendo. Bulle de curiosidad, está inmerso en su mundo imaginario o fascinado por las pelusas bajo el sofá, así que no quiere ni oír hablar de la cama. Y, aunque ya tiene más noción del tiempo y del espacio, mañana sigue pareciendo una eternidad.

También, como está en una fase en la que quizás experimente miedos y fobias, apagar la luz puede parecer una invitación poco grata que conjura a visitantes temibles. En algún momento de este año, es posible que deje de necesitar la siesta, porque ya no necesita tanto sueño como cuando era bebé.

Cómo divertirse
Copie la técnica de los profesores de autoescuela y prepare una tarjeta con el nombre y la fotografía de su pequeño. Entonces, colóquela encima de lo que sea con lo que esté jugando antes de irse a dormir o a hacer la siesta. Así, sabrá que nadie se divertirá con sus juguetes mientras él descansa y que podrá seguir exactamente donde lo haya dejado cuando se despierte.

Negarse a dormir quizás indique que ya está preparado para abandonar la siesta del medio día. De todos modos, insista en que ha de descansar un rato en la cama, no necesariamente para dormir, pero sí leyendo o jugando a algo tranquilo. En ocasiones, el mero hecho de estar en la cama lo adormecerá o le permitirá relajarse y descansar. Cuando la siesta haya quedado atrás definitivamente, esta hora de tranquilidad debería seguir formando parte de la rutina, a fin de que aprenda a entretenerse solo y a recargar las pilas.

Establezca una serie de rituales relajantes, como bañarlo antes de ir a dormir.

¿Sabía que..?

La temperatura corporal desciende para indicar al cerebro que es hora de dormir. Por lo tanto, es posible que a su hijo le cueste más conciliar el sueño si pasa directamente de un baño caliente a la cama. Bañarlo una hora antes de meterlo en la cama da tiempo a que el cuerpo se enfríe y prepare al cerebro para dormir.

La televisión y las películas no deben formar parte del ritual de irse a dormir. Es mejor optar por música suave y relajante. Y reduzca al mínimo el juego activo durante, al menos, la hora previa a la de irse a dormir. Cree rutinas. Se lo dirán en cada etapa, pero es especialmente importante en los años preescolares, en que los niños necesitan entre 10 y 12 horas de sueño diarias. Si el baño siempre viene seguido de un cuento, o de algún juego tranquilo especial, como desear buenas noches a todos los peluches, el cerebro y el cuerpo estarán preparados para relajarse mucho antes de apagar las luces.

Cuatro años

La fase del qué bueno soy

* * *

Hitos del juego durante este año

ACEPTAR la demora de la recompensa	**CONTAR** hasta diez	**GASTAR** bromas	**COMPLETAR** rompecabezas
PRESUMIR de sus nuevas habilidades	**MEDIR** y clasificar	**LANZAR** una pelota por encima del hombro	**SALTAR** con una pierna

La fase del qué bueno soy

En cada cumpleaños, su pequeñín ha pasado de ser un bebé mofletudo a un niño que gatea y que es cada vez más independiente. Este año, la diferencia es que usted no será el único asombrado por esta transformación: ahora, su hijo de 4 años sabe que ya no es un bebé. «¡Mira qué hago!», exclamará emocionado antes de demostrar que sabe contar hasta diez, lanzar una pelota por encima del hombro o pedalear sobre una bicicleta con ruedines.

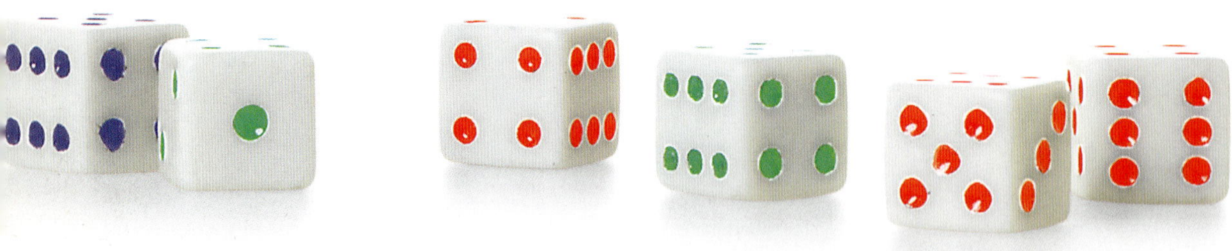

Su hijo tiene muchos motivos para cantar sus propias alabanzas. Gracias a que ahora puede mantener la atención más tiempo y a la mejora de la coordinación visual-manual, la destreza manual y las capacidades cognitivas, puede añadir a su repertorio de actividades lúdicas juegos de mesa y de cartas, rompecabezas y proyectos manuales más avanzados. Los retos que le plantean y las habilidades que requieren hacen que el juego sea más divertido, tanto para él como para usted. Es emocionante enseñarle juegos que le encantaban cuando era niño y compartir su alegría cuando le gana a su juego favorito de la infancia. Quiere ser «el mejor» y es posible que le cueste aceptar la derrota, por lo que, en ocasiones, quizás haga trampas.

Estos juegos más interesantes, junto a los que implican construcción o equilibrio o actividades como cocinar, que requieren verter y medir, sirven para reforzan habilidades como el reconocimiento de cifras, la clasificación, el agrupamiento y el recuento. Y gracias a esto, se desarrollan rasgos que lo beneficiarán durante toda la vida, como la paciencia y la autodisciplina. Aprender a controlar los impulsos y a demorar la recompensa son retos cruciales en la infancia y afectan a todo, desde forjar amistades a aprender. Y, a medida que se acerque a su quinto cumpleaños, cada vez se le dará mejor superar la frustración y afrontar las dificultades.

Uno de los mayores placeres de este año será disfrutar del sentido del humor característico de los niños de 4 años. Las adivinanzas y los chistes que lo sorprenden o que lo obligan a emplear la imaginación no perderán gracia con las repeticiones. Y seguro que encuentra sus propios chistes enormemente divertidos. Y el placer de hacer reír a los demás, incluidos sus amigos, supondrá una nueva fase en las relaciones con ellos. Aunque la mayor parte del tiempo se reirá con él, algunas de las cosas que a él lo divierten a usted le parecerán mal, sobre todo cuando los chistes rocen lo escatológico. Quizás durante este año presencie las primeras muestras de mala conducta por parte de su hijo, como excluir a un amigo, mostrarse agresivo en el juego o responder mal a los mayores, una actitud que probablemente asocie más a la adolescencia.

No es sólo que haga cosas de mayor, es que también lo parece. Tanto los rasgos faciales como el cuerpo son más maduros y los mofletes rubicundos y la barriguita protuberante han desaparecido. Y la musculatura es más fuerte, por lo que ahora puede escalar, correr, brincar, saltar y botar sin tropezarse. La seguridad que le dan estos avances físicos le inspira a asumir retos aún mayores, incluso para los que aún no está preparado, por lo que no le quite el ojo de encima a su maravilloso torbellino.

Juego y aprendizaje

Jugar a esperar

Qué observará

Cuando su hijo le pida un zumo y usted le conteste: «Espera un momento», podrá esperar bastante más que cuando tenía 3 años. Al jugar, no muestra tanta impaciencia mientras espera su turno. Y, cuando la torre que ha construido se derrumba, sólo expresa cierta frustración antes de volver a empezar. Estos progresos en el ejercicio de la paciencia y en la demora de la recompensa darán sus frutos cuando vaya a la escuela y le pidan que se quede en la fila, que comparta materiales con otros niños o que se siente en círculo en el suelo. Aprender a controlar los impulsos, a desarrollar autodisciplina, a perseverar en las tareas y a afrontar la frustración no es nada fácil, y a algunos niños (y a muchos adultos) les cuesta más que a otros.

> "Una de las rutinas veraniegas favoritas con mi hijo es sentarnos en una gran tumbona al atardecer para ver cómo salen las estrellas. Por impaciente que pueda estar durante el día, el firmamento lo calma y lo tranquiliza."
>
> María, madre de dos niños

Un estudio en la Universidad de Stanford en la década de 1960 analizó la importancia que tiene la demora de la recompensa sobre el éxito en la vida. Se dijo a niños de 4 años que podían comer una golosina inmediatamente o esperar entre 15 y 20 minutos, y entonces les darían dos. Los investigadores salieron de la sala y dejaron a cada niño con una golosina. Sobre un tercio de los niños no consiguió resistirse a comérsela inmediatamente, mientras que otro tercio esperó a que el investigador regresara. (El otro tercio se quedó a medio camino.) Siguieron a estos niños hasta la edad adulta y descubrieron que los que ya controlaban los impulsos entonces, mostraron más autodisciplina, motivación y positividad al llegar a la edad adulta. También toleraban mejor la frustración y la demora de las recompensas que sus iguales más impulsivos y disfrutaron de matrimonios más satisfactorios, carreras profesionales más exitosas, una mejor salud e ingresos más elevados.

Los juegos en fases, como montar un Playmobil, refuerzan la paciencia.

Por qué sucede

En este momento, la experiencia ya ha enseñado a su pequeño que es más probable que obtenga lo que desea si se muestra paciente. También tiene más noción del tiempo (sabe cuánto es un minuto) y puede sostener más la atención, lo que lo ayuda a esperar. A los 4 años, su hijo se da cuenta de que los demás también tienen emociones y esta empatía lo ayuda en el toma y daca necesario para esperar su turno al jugar a las cartas. Lo que quiere es coger la carta, pero sabe que le toca a su amigo y que ha de esperar.

Dicho esto, algunos niños son más impacientes que otros y tienen menos autocontrol, en parte debido a que el área responsable del control de impulsos y de la toma de «decisiones ejecutivas» aún sigue desarrollándose a esta edad. Esto es más cierto cuando el juego es antes de la comida o uno de los niños está cansado e irritable.

Cómo divertirse

No debe preocuparse si cree que su hijo habría devorado la golosina en un segundo. Existen numerosos juegos y actividades que pueden ayudarlo a reforzar la musculatura cognitiva necesaria para demorar la recompensa. Los juegos de mesa que requieren esperar el turno y las actividades que no ofrecen recompensas

inmediatas son un entrenamiento muy adecuado. Hornear y cocinar requieren mucha preparación y paciencia: hay que esperar a que las galletas se hagan y luego a que se enfríen. Los proyectos manuales, los juegos en fases, los rompecabezas y los juegos de construcción ejercitan los mismos músculos. O inicie proyectos que requieran días o semanas para ver el resultado, como plantar semillas, cuidar de una granja de hormigas o atender un huerto.

A lo largo del día encontrará innumerables oportunidades para enseñar a su pequeño a demorar la gratificación: de hecho, cada vez que le reclame algo. Pídale que espere un minuto y luego agradézcale la paciencia; enséñele a no interrumpir las conversaciones de los demás o a esperar cuando le cueste ponerse los zapatos. Son pequeños gestos que marcarán una gran diferencia en su tolerancia a la frustración.

Con el fin de ayudar a su hijo a aprender a esperar (una excursión al acuario, la visita de un familiar, un cumpleaños, unas vacaciones) elaboren un calendario en el que se vea la fecha actual y cuánto falta hasta el evento esperado. Cada mañana, su hijo puede tachar un día y experimentar así la emoción de esperar algo. También pueden hacer una cuenta atrás: haga una cadena con eslabones de cartulina, formada por tantos eslabones como días falten. Pídale que arranque una cada mañana y que cuente los días que faltan.

Al igual que muchas de las «virtudes» que nos gustaría ver en nuestro hijo, la paciencia ha de modelarse. Si su hijo parece muy impaciente, preste atención a cómo usted y el resto de adultos gestionan la frustración. ¿Suele perder la paciencia cuando el ordenador va especialmente lento? ¿Le da al claxon en cuanto el semáforo se pone en verde? Y lo más importante, ¿qué hace cuando su hijo remolonea o se equivoca? Encuentre maneras lo más explícitas que sea posible para modelar estrategias de afrontamiento: cuando avancen a 10 kilómetros por hora, ponga la radio y explíquele que la música lo relaja. O lleve algo de lectura (para usted y para su hijo), para que tengan algo en que ocuparse cuando hagan cola durante los recados.

En casa, utilice un temporizador o un reloj con segundero para que su hijo pueda ver cuánto ha de esperar. Y, si le dice: «Saldremos al parque en cuanto suene la alarma», mantenga su promesa.

Si su hijo aún no está apuntado a ninguna actividad, valore la posibilidad de apuntarlo a algún tipo de actividad preescolar. Aunque sólo acuda un par de veces a la semana, aprenderá a controlarse y a esperar su turno, dos habilidades esenciales que lo prepararán para la «escuela de los mayores».

¿Sabía que...?

Los biólogos y los antropólogos afirman que la impaciencia es un impulso innato que ha contribuido a la supervivencia de la especie. Al exigir atención, el niño se asegura de que se satisface su necesidad de alimento y de cuidados y refuerza los vínculos con papá y mamá. Superará la impaciencia de manera natural, siempre que lo ayuden a aprender a tolerar la frustración.

Juego y aprendizaje

Tropecientos... ¡y más!

Qué observará

Cuando su hijo de 4 años come pasta, cuenta los macarrones que hay en la cuchara. Cuando camina hacia el coche, cuenta los pasos necesarios para llegar. Puede contar al menos hasta diez (veinte a finales de este año) y quizás incluso sea capaz de escribirlos del cero al nueve.

En los juegos de mesa, su pequeño matemático en ciernes esperará con gran fascinación el número del dado y gritará: «¡Seis!» con entusiasmo, mientras cuenta con su ficha.

También le intrigan las clasificaciones y los patrones: clasifica las gominolas por colores, agrupa los ladrillos de juguete en montones de «mayores» o «bebés», ordena de menor a mayor los animales de plástico... Si le da el cambio, clasificará las monedas.

Durante la segunda mitad de este año, será capaz de identificar patrones sencillos y disfrutará siguiendo donde usted acabe. Cuando se trata de números, le gusta hablar de los grandes (millones, billones, infinito y sus propias invenciones, tan graciosas, como «un millón cientos mil»). Ahora también entiende conceptos como «el más alto, el más grande, igual, más», aunque quizás le cueste aceptar que un hombre más alto pueda ser más joven que otro más bajo. Las técnicas de construcción también cambiarán, porque ahora aplicará estrategias de resolución de problemas más sofisticadas y lógicas para apilar y ensamblar las estructuras, para que estén más equilibradas y sean más complejas.

Por qué sucede

El año pasado, su hijo lo dejó impresionado al saber contar, pero, probablemente, se limitaba a recitar los números sin entenderlos. Este año, asimilará reglas numéricas importantes; por ejemplo, ahora ya entiende que el símbolo «2» representa objetos: dos zapatos, dos peluches o dos helados. Sabe contar en orden, que el último número indica cuántos objetos hay en un grupo, y que todo puede contarse, de objetos concretos como canicas a cosas intangibles, como cuántas veces suena un claxon.

Las capacidades espaciales de los niños de 4 años también están más desarrolladas, por lo que pueden completar rompecabezas y describir o dibujar mapas y diagramas sencillos. Parte del motivo por el que ahora puede entender estos conceptos matemáticos es que, ahora, los dos hemisferios cerebrales, el derecho (responsable de percibir patrones y de entender conceptos) y el izquierdo (secuencial, analítico y ordenado), empiezan a trabajar juntos con mayor eficiencia.

Los niños de esta edad son muy sensibles a las actitudes y a las conductas de las personas que quieren. Si la madre de un niño se queja constantemente de que «¡Las matemáticas se me dan fatal!», es posible que él muestre la misma actitud derrotista. Los hogares donde los juegos y las actividades dan múltiples oportunidades para hablar de números y de cantidades con naturalidad fomentan el amor de los niños por las matemáticas.

Cómo divertirse

Los juegos de mesa que no requieren leer, como los de la escalera y de la oca, contribuyen a que el niño aprenda a identificar números y practique contar y secuenciar, mientras que los juegos de cartas le enseñan cómo se relacionan entre ellos los números grandes.

Los juegos y rompecabezas con números ayudan a afinar las habilidades matemáticas.

Algunos estudios sugieren que existe relación entre el rendimiento en matemáticas durante la la educación primaria y cuánto ha jugado el niño a las cartas y a juegos de mesa con sus padres. Los juegos inventados también ayudan. Enséñele cómo se relaciona el símbolo de un número (por ejemplo, 4) con los objetos, tirando un dado y pidiéndole que encuentre esa misma cantidad de objetos en casa o en la calle, como cuatro cucharas, piedras o muñecas.

Las tareas domésticas ofrecen numerosas posibilidades para enseñar matemáticas. Pongan la mesa juntos y pídale que cuente cuántos platos ha de poner o los trozos de pastel que hay en la mesa. Si van de compras, pueden contar cuántos yogures mete en el carro y cuántas personas tienen delante en la cola. Pídale que compare alimentos, preguntándole cuál pesa más, o cuál es más pequeño o más redondo. Cuando doblen la ropa limpia, pídale que clasifique las piezas de distintas maneras: por color, tamaño o estilo. También, explíquele secuencialmente lo que esté haciendo, y pídale que haga lo mismo. Por ejemplo: «Primero separo la ropa blanca de la de color, luego la meto en la lavadora y luego pongo el detergente».

Cocinar y hornear también satisface la pasión por los números, las clasificaciones y las medidas, al tiempo que enseña conceptos como las fracciones. Lea la receta en voz alta y ayúdelo a medir y pesar los ingredientes. Si las recetas son visuales (como las que hay en las cajas de algunos preparados para galletas o pasteles), déjele «leer» cuántos huevos o cucharadas de mantequilla necesitan.

Cuando esté ocupado o al teléfono, déjele varios botones de colores o judías secas para que los ordene o los disponga en varias formas. O compre un juego de cuentas (ahora ya tiene la destreza manual y la coordinación visual-manual necesarias para hilvanarlas) y pídale que elabore un collar o una pulsera con un dibujo concreto. Los ladrillos, los cubos de colores y las vías de tren que encajan o se ensamblan son un ejemplo práctico de lo que sucede al sumar y restar. Y, si le presta un metro seguro para niños, se pasará horas midiéndolo todo, desde el lápiz al piano.

Una habilidad muy importante relacionada con las matemáticas, la imaginería visual, alude a la capacidad de crear y de mantener imágenes mentales. Ayude a su hijo a desarrollarla, jugando a describir, primero uno y después el otro, un sitio en el que hayan estado recientemente. Use colores y detalles; por ejemplo, si describe la sala de espera del médico, pregúntele qué juguetes había en el suelo, de qué color eran las sillas y si recuerda algo de lo que había en las paredes.

¿Sabía que…?

Recurra a la música clásica. El efecto Mozart es la teoría, de base científica, que sugiere que escuchar determinado tipo de música clásica mejora las habilidades espaciales, como descubrir un patrón, completar rompecabezas, o emparejar formas.

"Los juguetes de mi hijo están en cajas de plástico transparente. Ve con facilidad dónde va cada cosa (ladrillos, animales, muñecos) y disfruta clasificándolos cuando recogemos juntos."

Mercedes, madre de dos niños

Juego y aprendizaje

Hacer el payaso

Qué observará

Prepárese para reírse mucho este año, porque su pequeño torbellino está a punto de descubrir el cómico que lleva dentro. Le encanta hacer el tonto, hacer muecas, cantar canciones graciosas, inventarse palabras y exagerar hasta la saciedad. Las bromas «toc, toc, ¿quién es?», ya sean clásicas o inventadas, son de sus preferidas. Los chistes quizás no tengan sentido para los adultos, pero sus iguales los encontrarán muy graciosos y él se reirá de sus propias creaciones también. Los temas escatológicos le hacen saltar las lágrimas. Cualquier cosa relacionada con la caca, el pipí y sus genitales hará que se parta de risa y no tendrá problemas en levantar la voz y contarlo en público. Sin embargo, usted es su público favorito: si le ríe una gracia, la repetirá una y otra vez.

Por qué sucede

El vocabulario de su hijo consiste en unos cientos de palabras y puede elaborar frases de hasta ocho. Las habilidades lingüísticas, combinadas con su imaginación, hacen que inventarse frases graciosas y contar chistes sea una manera muy gratificante de conectar con la gente a la que quiere. Como sabe las respuestas «correctas» a muchas preguntas, le divierte contestar «mal». Reconoce el patrón y el ritmo de las bromas «toc, toc, ¿quién es?» y ya tiene la capacidad de imitarlos, aunque el chiste resultante no tenga sentido. Y, cuando el ratón vuelve a engañar al gato de sus dibujos animados preferidos, se ríe sin parar.

Aunque su vocabulario no deja de crecer, las palabras relacionadas con las funciones corporales encabezan la lista, aunque haga tiempo que ya no lleve pañales. Las escucha de sus amigos o de sus hermanos mayores. Además, ahora, con 4 años, ya sabe lo que es adecuado decir y lo que no. Saltarse las normas y ver la reacción de sorpresa ante la palabrota que acaba de soltar, lo divierte. Aunque se enfaden con él, ha logrado captar su atención. Y se asegurará de seguir haciéndolo.

¿Sabía que...?

No llame a los payasos. Investigadores de la Universidad de Sheffield estudiaron cómo podían mejorar el estado de ánimo en los servicios pediátricos de los hospitales. Entrevistaron a 250 pacientes de entre 4 y 16 años de edad y concluyeron que a los niños no les divertían en absoluto los payasos. De hecho, fueron unánimes al decir que no les gustaban y que, incluso, los molestaban o los asustaban.

Ponerse unas gafas graciosas o un sombrero divertido hará reír al niño de 4 años.

Cómo divertirse

Su hijo no es el primer niño de 4 años que grita: «Cacaaaaaaa» en la biblioteca o en la iglesia. No sofoque sus deseos de hacer reír a los demás; dígale que puede ir al baño para decir esas palabras. (Gritar palabrotas a solas en el baño aburre rápidamente.) Si dice algo inadecuado en público, intente no reaccionar. Probablemente, cuando su historia sobre eructos no obtenga reacción alguna, pase a un tema más adecuado.

Fomente la diversión limpia y adecuada con juguetes que hagan aflorar su faceta cómica: sombreros y gafas divertidos, o libros y música con chistes y juegos de palabras. Demuestre entusiasmo cuando quiera enseñarle los bailes o las canciones cómicas que ha ideado. Crear un repertorio de bromas familiares es uno de los placeres de la paternidad y puede ser una bendición cuando su hijo esté en plena rabieta o de mal humor. (Un chiste o una frase graciosa harán lo mismo por usted.) Y recuerde que reír es recomendable para la salud de ambos. La investigación sugiere que reír reduce el estrés y la tensión arterial, libera endorfinas, refuerza el sistema inmunitario y ayuda a respirar mejor.

Juego y afecto

«¡Mírame!» «¡Mírame!»

Qué observará

Probablemente, la modestia no sea una de las virtudes de su hijo de 4 años. La mayoría de los niños de esta edad muestran una envidiable seguridad en sí mismos. Su lenguaje corporal parece decir: «¡Mírame! ¡Mírame!» y les encanta presumir de todo lo que saben hacer. Quizás se sorprenda cuando lo oiga alardear de que es el que se columpia más alto o el que tiene más juguetes. Retará a los otros, diciendo: «Yo me sé tirar por el tobogán grande, ¿tú?» o «¡Una carrera! Seguro que gano yo». Quizás exagere sus habilidades e invoque la frase «¿El mejor de tres?» para salvaguardar su autoestima cuando pierda una partida.

Por qué sucede

A los 4 años, el niño ya es consciente de sus habilidades y de las de sus iguales. El año pasado veía a los «mayores» trepar en los laberintos del parque. Ahora, él puede hacerlo también. El año pasado, los mayores lo adelantaban en bicicleta; ahora es él quien vuela sobre sus ruedines. Estos éxitos suben su autoestima por las nubes. Siente orgullo y asombro y quiere que todos sepan lo competente que es. Si no obtiene la aprobación de los demás, alardea para elogiarse a sí mismo.

Cómo divertirse

Cuando se trata de niños pequeños, es fácil confundir la autoestima con encontrarse siempre bien. De hecho, las experiencias que refuerzan la autoestima suelen incluir fracasos, decepciones y frustraciones. El niño cuyos padres permanecen al margen mientras él se esfuerza en levantar la torre de ladrillos recibe una «recompensa» mucho mayor que el que acaba siendo rescatado por la mano segura de un adulto. Fomente experiencias de este tipo dejando a su hijo que experimente frustración cuando aprende algo nuevo o cuando necesita que le insistan un poco para que finalice una tarea complicada.

Aunque pueda parecer que el elogio es la mejor manera de lograr que un niño se sienta valioso y competente, las investigaciones han demostrado que depende de cuándo y cómo se ofrecen los elogios. Para que se sienta bien con sus logros, hay que centrarse en el proceso (qué ha hecho o cómo lo ha hecho) más que en el resultado final.

Un rompecabezas requiere mucha perseverancia. Si se le resiste, trate de no ayudarlo.

¿Sabía que...?

Lo normal es que los niños de 4 años alardeen. Hasta los 8 no suelen desarrollar el sentido de la modestia. Sin embargo, al empezar a mostrarse humildes, son más proclives a ser reservados cuando hablan con sus iguales que con adultos. Parece que captan el estigma social que nos hace desconfiar de quienes cantan sus propias alabanzas.

Decir: «¡Bien hecho!» cuando no se ha esforzado demasiado o los elogios generales («¡Eres tan inteligente!») no motivan con tanta efectividad como los comentarios honestos y específicos. Debe señalar lo que le gusta de su dibujo: «Me encantan los lunares del elefante» o «El cielo es mi parte preferida». O elogie su esfuerzo con un sencillo: «¡Vaya! ¡Te has esforzado mucho al hacer este rompecabezas!» en vez de decirle que es «El mejor niño de 4 años haciendo rompecabezas».

Otra manera de reforzarle la seguridad en sí mismo es prestarle toda su atención. Nada lo hará sentir más importante que ver que deja de lado el resto de cosas para escucharlo de verdad cuando habla o para mirarlo cuando le muestra su nueva hazaña. Todo lo que lo haga sentir como un niño grande reforzará su autoestima, así que déjelo pedir el postre en el restaurante, dele el dinero para pagar en la tienda y permítale responder al teléfono.

Juego y afecto

No todo es un camino de rosas

Qué observará

Es muy probable que su hijo fuera relativamente tranquilo cuando tenía 3 años. Quizás tenía la rabieta ocasional, pero no mostraba demasiada agresividad ni violencia. Este año, es posible que él y sus amigos se peleen, se revuelquen, jueguen a la guerra y salpiquen el juego con expresiones como: «¡Te voy a matar!». (Aunque sea un estereotipo, los niños tienden a hacerlo más que las niñas.) Puede resultar alarmante y hacer que añore las fiestas con peluches. Su hijo puede mostrarse mandón, cruel (excluir a otro niño o anunciarle: «No me gustas») o agresivo. También es habitual que cuenten chismes sobre los demás. Aún peor, aunque pueda mostrarse dulce y amable con frecuencia, en ocasiones puede ser maleducado o irrespetuoso. Y, hacia el final del año, quizás oiga el temido: «Te odio».

Por qué sucede

Lleva años diciéndole que use palabras, y eso es precisamente lo que ha empezado a hacer. El lado positivo es que, en lugar de reaccionar a las emociones de ira o de frustración con una rabieta, o con golpes y mordiscos, ahora ejercita las habilidades verbales para expresar lo que siente. Y, al igual que el lenguaje escatológico, portarse mal o ser maleducado suele provocar respuestas de sorpresa; cuando un niño desea atención, una respuesta negativa es mejor que la ausencia de respuesta.

La agresividad o la ira de su hijo durante el juego también pueden ser un intento de elaborar emociones sobre algún tema que lo inquieta. Por ejemplo, un niño a quien le cuesta adaptarse a su nuevo hermanito, quizás manifieste la ira y los celos con una muñeca. O, si está nervioso por ir a la escuela, quizás actúe como un maestro severo.

No se preocupe por que su fierecilla pueda convertirse en el abusón del cole. Excluir a otros niños es algo habitual, sobre todo cuando su hijo y su amigo llevan tiempo jugando solos y

El juego agresivo con juguetes como dinosaurios los ayuda a elaborar emociones.

¿Sabía que...?

Si la agresividad de su hijo es más física que verbal, fíjese en cuánta televisión ve. La Universidad de Washington realizó un estudio en el que observó a más de 1.200 niños de 4 años y concluyó que la probabilidad de que los que veían 3 horas y media de televisión al día se convirtieran en abusones entre los 6 y los 11 años era un 25 por ciento mayor que para los que no lo hacían. Por cada hora de televisión, el riesgo aumentaba en un 6 por ciento.

juntos: una carrera hasta los columpios, un pilla-pilla... y, si no funciona, ayude al otro niño a encontrar algo que hacer. Luego, a solas con su hijo, hable de lo que ha sucedido y enséñele un «guión» más amable para el futuro.

Vea antes que su hijo los programas de televisión o los videojuegos de sus hermanos mayores, para asegurarse de que no contienen conductas muy agresivas (o inadecuadas). Si lo lleva a casa de un amiguito, explique a sus padres qué puede ver y qué no su hijo.

han desarrollado un ritmo y una rutina. No saben cómo añadir a un tercero y recurren al «No quiero ser tu amigo», cuando lo que quieren decir en realidad es «Ahora estamos ocupados. ¿Puedes volver en unos minutos?».

Cómo divertirse

La conducta cruel o de exclusión suele indicar que el niño intenta probar los límites y expresar emociones que no están «permitidas». Jueguen a algo donde pueda exagerar el portarse mal. Por ejemplo, déjelo ser un profesor muy estricto que lo castiga hasta cinco veces seguidas, o una hermana mayor que no presta sus juguetes. También puede emplear la psicología inversa para aprovechar el deseo de probar los límites de su hijo. Le hará gracia si le dice con voz de mando: «¡Ni se te ocurra guardar los juguetes!» o «¡Será mejor que no te acabes la comida!».

Si su pequeño le dice a un compañero: «¡Tú no!» no lo reprenda para obligarlo a jugar con él; rediríjalos a otra actividad que puedan disfrutar

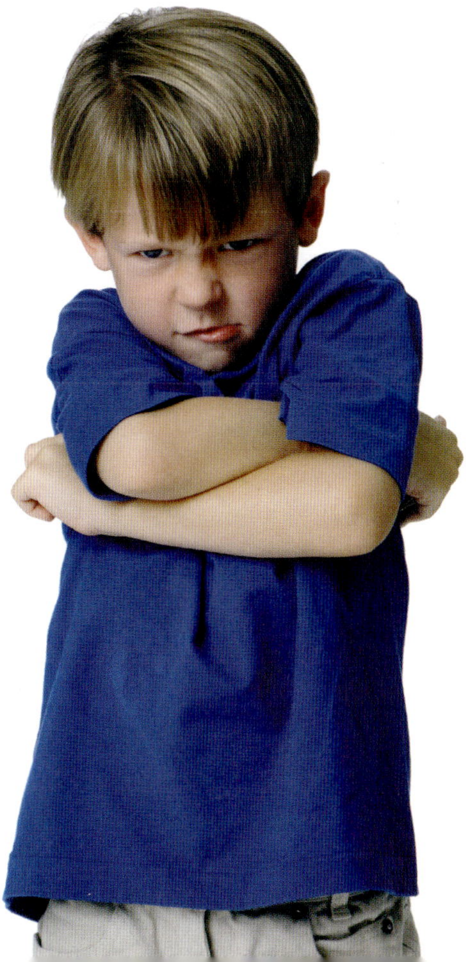

Juego y salud

El jardín de la comida

Qué observará

Es posible que ahora sea más aventurero con la comida, aunque fuera maniático de más pequeño. Los niños pequeños suelen tener miedo a la comida que no conocen, pero al llegar a preescolar ya han experimentado con una gran variedad de alimentos, por lo que ya no se asustan demasiado. Además, la investigación demuestra que los niños de esta edad están muy influidos por sus amigos y tienden a imitar sus hábitos de alimentación cuando están juntos. Si a su mejor amigo le encantan las judías, es probable que a él también. También comerá más si ha colaborado en la preparación o, mejor incluso, si ha plantado y cultivado lo que ahora se va a comer, (¿A qué niño de 4 años no le gusta cavar?). Un estudio de la Universidad de California demostró que los niños que pasaron un año plantando y atendiendo un huerto no sólo sabían más de nutrición, sino que también comían más verdura. Si sólo tiene espacio para una tomatera, empiece por ahí, pero deje que sea su hijo el que se ocupe de cuidar y de regar el huerto del alféizar.

Su hijo empieza a dominar el arte de medir y clasificar, así que permítale ayudar en la cocina.

Por qué sucede

La curiosidad y el deseo de explorar motivan gran parte de la conducta de su hijo, lo que incluye comer. A los niños de esta edad les encanta estar en la cocina, que suele ser territorio adulto, y ahora ya saben remover, verter y llevar a cabo tareas sencillas como partir la lechuga de la ensalada. También les gusta mucho escuchar cómo lo que comen afectará a su organismo.

Aproveche este deseo de saber y explíquele que la proteína refuerza el músculo y le hará correr más rápido, que la leche construye hueso y le hará más alto, y que las verduras de colores, como las zanahorias, le harán ver mejor.

Cómo divertirse

Invite a su minipinche a la cocina y hagan como si fueran dos *chefs* de un restaurante mundialmente famoso, o preparen la cena para su personaje de dibujos preferido. Bajo supervisión, puede usar utensilios reales, como cuchillos de sierra (más satisfactorios y efectivos que los de plástico), y mezclar y remover a placer. También le puede dar algunos ingredientes y retarlo a elaborar su propia receta.

En el supermercado, jueguen a «¿Quién lo encuentra primero?». Dele una lista de la compra y jueguen a ver quién ve antes lo que necesitan en el estante. Así, no sólo evitarán el aburrimiento, sino que aumentará la probabilidad de que quiera comerse sus «descubrimientos». Déjelo escoger una fruta o verdura nueva cada semana, y luego, ya en casa, conviertan en un juego el aprender qué es y cómo prepararla.

Siempre que le sea posible, haga la hora de la comida más agradable: pongan la mesa, apague la televisión y hablen sobre la jornada.

Varios estudios han demostrado que aquellos niños que cenan con su familia varias noches a la semana obtienen mejores resultados académicos y presentan menos conductas de riesgo durante la adolescencia. La buena noticia es que, como ahora puede mantener la atención durante más tiempo, su hijo puede sentarse quieto a la mesa. Dicho esto, es posible que sólo consiga aguantar 10 minutos, así que permítale que se levante una vez haya acabado de comer.

Juego y salud

Pequeños acróbatas

Qué observará

Ahora su hijo puede saltar, brincar, sostenerse sobre una pierna durante casi 10 segundos, saltar objetos de entre 13 y 15 centímetros de altura y saltar desde un escalón sin agarrarse. También le gustan, incluso más que el año pasado, las acrobacias como las volteretas (especialmente en lugares donde se supone que no se pueden hacer), bailar, cantar y escalar. Ya es un experto del triciclo y quizás ya pueda ir en bicicleta con los dos ruedines o incluso con uno sólo. Y, por último, muy pronto podrán jugar a lanzarse la pelota de verdad, porque no tardará en ser capaz de lanzarla por encima del hombro y de atraparla (la mayoría de las veces).

Por qué sucede

Su hijo ha hecho grandes avances a nivel físico. La motricidad fina y gruesa se están desarrollando a la velocidad del rayo; la musculatura es más grande y más fuerte; tiene más resistencia; y el equilibrio y la coordinación mejoran día a día. Todas estas habilidades, que lo convierten en un experto a la hora de correr, saltar y escalar, junto a la energía inacabable de sus 4 años, significan que quiere estar en movimiento sin cesar.

Cómo divertirse

En España, el sobrepeso afecta a casi dos de cada diez niños, por lo que el ejercicio físico es una prioridad. Haga carreras con él, corriendo a su lado mientras él va en bicicleta, o paseen en familia. Por suerte, los niños de 4 años tienen una gran energía y disfrutan al máximo el tiempo que pasan en el parque si el equipamiento les permite hacer equilibrios, escalar, arrastrarse y correr.

En casa, también puede ayudarlo a liberar energía, por ejemplo organizando carreras de obstáculos con almohadas, conos y otros objetos. O póngalo en movimiento con juegos como las sillas musicales, Enredos o «Simón dice». En el exterior, pueden jugar a los relevos o a buscar el tesoro. Los juegos clásicos, como las carreras de sacos y de carretas le harán reír al tiempo que lo ponen en forma.

Según la National Association for Sport and Physical Education de Gran Bretaña, los niños en edad preescolar deberían tener entre una y varias horas de juego libre al día, además de 60 minutos de ejercicio físico supervisado y estructurado, por lo que ahora es un buen momento para apuntarlo a gimnasia, danza o baloncesto. Durante los fines de semana, trate de implicar a su hijo en diversas actividades aeróbicas, como bañar el perro, lavar el coche o arrancar malas hierbas.

Modele hábitos positivos, como subir por las escaleras en lugar de en ascensor, ir de compras a pie y no en coche, y hacer del ejercicio físico una prioridad. Si sus hijos lo ven sudando la camiseta, es más probable que ellos hagan lo mismo.

Juego seguro

Muchos niños de esta edad sobrestiman su equilibrio: el 80 por ciento de los accidentes graves en los parques se deben a caídas. Sin embargo, los tropiezos no supondrán una gran amenaza si la superficie del área de juegos está cubierta por un mínimo de 30 centímetros de caucho, arena fina o virutas de madera.

Una carrera de obstáculos logrará poner en movimiento a sus hijos.

Cinco años

Mi lugar en el mundo

***

Hitos del juego durante este año

INVENTARSE LAS REGLAS al jugar

CREAR E IMAGINAR durante el juego no estructurado

VINCULARSE con otros miembros de la familia

APRENDER a estar seguro en la calle

DIFERENCIAR entre lo correcto y lo incorrecto

Mi lugar en el mundo

Es oficial: su hijo ha superado las etapas de la primera infancia y de preescolar y está a punto de adentrarse en el mundo de la escuela. Gracias a los enormes avances de su crecimiento social y emocional, en este momento, con 5 años, no solamente entiende qué es la conducta adecuada, sino que, de hecho, necesita estructura y límites. De vez en cuando estallará en una pataleta, pero superará los contratiempos menores con relativa calma y la anterior conducta frenética, exaltada (y a veces frustrante) dará paso a un temperamento más equilibrado.

Su hijo demuestra más madurez y energía y siempre ve la botella medio llena, por lo que pasar tiempo con él es un puro placer. Ahora habla con claridad, dispone de un vocabulario de más de 1.500 palabras y puede expresar mejor sus emociones y sus ideas, por lo que las conversaciones son enriquecedoras y están repletas de ocurrencias sorprendentes, de opiniones inteligentes y de observaciones sin ambages. A esta edad todavía sigue planteando muchas preguntas, pero ahora reflexiona más antes de formularlas. Atrás quedaron los días de disciplina exasperante. Es posible que pase horas (¡o días!) sin necesidad de decirle: «¡No!». Y, cuando se porta mal o se muestra obstinado, puede razonar con él y explicarle por qué se ha enfadado.

La cara agridulce de esta madurez es que abre una nueva etapa fundamental en su vida: la escuela. Ahora se va a clase y pasa toda una jornada, si no más, inmerso en actividades en las que usted ya no es partícipe, y ha de enfrentarse al reto de incorporar a un grupo extraordinariamente influyente de iguales y de adultos. De repente, su marco de referencia ha cambiado: mediante la comparación y la curiosidad define quién es y de dónde viene, lo que puede llevar a gran cantidad de preguntas sobre el clan familiar y su historia personal.

La escuela también implica gran cantidad de normas y de expectativas que lo ayudarán a empezar a diferenciar entre lo que está bien y lo que está mal. Aunque puede mostrar empatía por terceros y entiende que los demás también tienen necesidades, no siempre será capaz de anteponerlas a las propias. Aún ha de desarrollar más el control de impulsos, por lo que quizás se salte las normas, haga trampas descaradamente al jugar, o exclame: «¡No es justo!» si no se sale con la suya.

Juego y aprendizaje

El bien y el mal

Qué observará

A los 5 años, la brújula moral de los niños está en sus fases iniciales de desarrollo. Aún les faltan un par de años para ser capaces de interiorizar las normas que se les enseñan (fiarse de su conciencia), por lo que se fijan en los padres, en otros cuidadores y en los profesores para que les digan qué han de hacer. El esfuerzo por aprender a hacer lo correcto se refleja en su preocupación por las normas, la justicia, los buenos y los malos. Su pensamiento sigue siendo bastante concreto, por lo que creen que lo que quieren es lo «justo», incluso cuando se trata de ganar un juego. No se sorprenda si, a media partida, su hijo le explica tranquilamente que las normas han cambiado... a su favor.

Por qué sucede

Hacer lo correcto requiere tener la capacidad de controlar los impulsos, de responsabilizarse de las propias acciones y de comprender que lo que uno hace afecta a los demás; los niños de esta edad aún han de aprenderlo. Les resulta especialmente difícil cumplir las normas cuando están deseando romperlas (coger una galleta cuando mamá está de espaldas o llevarse un juguete de casa de un amigo) o cuando está cansado o frustrado.

Los expertos creen que el cerebro de los niños de 5 años es físicamente incapaz del pensamiento abstracto o moral; si nadie lo ve robando la galleta, lo más probable es que no se sienta culpable de haber engañado a mamá. Jean Piaget y Lawrence Kohlberg, psicólogos pioneros en el campo del desarrollo moral infantil, descubrieron que, aunque los niños de 5 años entienden qué son las normas, creen que proceden de otras personas y que son fijas e inflexibles. Uno de los experimentos clásicos de Piaget consistía en explicar a niños pequeños cuentos sobre otros niños y después preguntarles qué niño se portaba peor: uno que rompía cuatro tazas mientras las guardaba para sorprender a su madre u otro que rompía una al subirse a la encimera para alcanzar galletas prohibidas. Los niños en edad preescolar y la mayoría de los de 5 años decían que el niño que había roto cuatro tazas se había portado peor porque sus mentes concretas prestaban atención a la cantidad de tazas rotas, no a las intenciones de los niños.

Cómo divertirse

Una de las maneras más divertidas de enseñar a los niños a cumplir las normas es valerse de juegos de mesa y de cartas con instrucciones

Cuando a esta edad hacen trampas, están elaborando un código moral.

> Intentamos implicar a los niños en la elaboración de las normas, para que tengan más sensación de control sobre ellas y se comprometan más (por ejemplo, «el que se acaba toda la cena, tiene pastel de postre»). Funciona... ¡a veces!
>
> Elisa, madre de tres niños

claras y sencillas, y con restricciones o consecuencias. Cuando juegan en el exterior, por ejemplo al pilla-pilla o a robar la pelota, el «ganador» cambia con bastante frecuencia como para mantener a raya a su impulsivo jugador. Cuando su hijo intente cambiar las normas («Mi ficha pasa por delante de la tuya porque es roja» o «Mi carta gana porque es mayor»), pregúntele si quiere empezar otra partida, para que los dos puedan jugar con las nuevas normas. Probablemente quiera continuar con la que ya está en marcha.

Cuando su hijo recuerde una norma y la aplique, señálele qué le ha gustado de su conducta durante el juego: «¡Qué bien! ¡Has recordado la norma y has esperado tu turno!».

Cuando se trata de reglas y rutinas, la constancia es la clave. Si los niños aprenden pronto que los juguetes se guardan, que hay que llevar casco cuando se va en bici y que siempre hay que abrocharse el cinturón en el coche, no será necesario chincharlos ni embaucarlos para que lo hagan. Asegúrese, sin embargo, de que usted también lo hace, pues el axioma «Haz lo que hago, no lo que digo» es ley a estas edades. Es inevitable que su hijo se salte alguna norma; intente en esos casos mantener la calma porque, si pierde los nervios y se pone a gritar, quizás lo asuste tanto que en el futuro dude antes de decirle la verdad.

Juego y aprendizaje

Aburrirse es sano

Qué observará

Ahora pasa casi todo el día en clase con nuevos amigos a los que desea ver también fuera de la escuela. Además, quizás el año pasado apuntó a su hijo a actividades extraescolares y éstas pueden convertir rápidamente su rutina en una carrera de un sitio a otro. Por emocionante y divertida que pueda ser su ajetreada jornada, probablemente su hijo dispone de poco tiempo para relajarse y de pocas oportunidades para sentarse solo y ejercitar su fértil imaginación.

Por qué sucede

Soñar despierto y mirarse el ombligo puede parecer una pérdida de tiempo, especialmente cuando todos sus amigos apuntan a sus hijos a fútbol, música y kárate. Sin embargo, los expertos en psicología infantil creen que cierta inactividad es muy beneficiosa para el desarrollo cognitivo y emocional del niño. El tiempo sin programar y sin prisas (es decir, el aburrimiento) incita a los niños a inventar, crear y explorar sus intereses a su propio ritmo. El juego imaginativo en solitario, que lo obliga a organizar su propia diversión, tiene beneficios a largo plazo. Así, investigadores de la Universidad Case Western Reserve de Cleveland descubrieron que los niños cuyos juegos incluían emociones y fantasía eran más creativos y tenían mayor capacidad para resolver problemas y afrontar el estrés.

El aburrimiento también le enseñará que estarse quieto y sin hacer nada puede ser muy satisfactorio. Serán momentos idóneos para inventarse cuentos, reflexionar sobre problemas y, sobre todo, para aprender a estar a solas con sus pensamientos y emociones, una habilidad que lo beneficiará durante toda la vida.

Cómo divertirse

Cuando oiga la temida frase «Me aburro», no corra a entretenerlo y resista la tentación de encenderle la televisión o el ordenador. Dele materiales de múltiples usos, como lápices de colores o disfraces. Si a su hijo le cuesta mucho entretenerse, fije un objetivo asequible, por ejemplo diez minutos de juego en solitario, y vaya ampliándolo poco a poco. Al principio, tal vez deba darle alguna idea sobre lo que puede

Combata el aburrimiento con materiales para hacer manualidades.

¿Sabía que...?

Apagar la televisión y eliminar las actividades externas harán algo más que permitir que su hijo sueñe despierto. Es probable que también sueñe más por la noche porque dormirá más. Según varias investigaciones, demasiadas actividades, la tecnología y otras diversiones han robado a los niños de ahora una hora de sueño diaria, en comparación con los niños de hace treinta años.

está muy mal visto no hacer nada. Sin embargo, programar tiempo de inactividad resulta tan beneficioso para usted como para su hijo. Los niños aprenden de nuestro ejemplo, por lo que apague todas las pantallas y enséñele que está bien no hacer nada. Mejor todavía, tiéndase junto a él en el césped, abrácense para disfrutar del atardecer o salgan a pasear sin rumbo fijo.

hacer, pero lo más probable es que se quede boquiabierto ante la creatividad que demostrará ante el aburrimiento.

Prepare y sugiera lugares agradables y tranquilos donde soñar despierto: una silla cómoda al lado de la ventana, un balancín, una tienda de campaña en el jardín o simplemente una manta sobre el suelo del comedor. También puede enseñarle a cerrar los ojos y a centrarse en la respiración o alguna técnica de relajación sencilla, como tensar y relajar las distintas partes del cuerpo. Otra buena opción es el yoga, pues los niños de esta edad tienen la flexibilidad necesaria para mantener las posiciones.

Es importante que lo deje tranquilo cuando lo vea totalmente absorto en algo. Los expertos lo llaman «estado de flujo»: en ese momento está tan concentrado en lo que hace que pierde la noción del tiempo. Este estado mental es muy satisfactorio, por lo que intente no interrumpirlo, aunque para ello deba saltarse la hora del baño.

Quizás soñar despierto no esté en su lista de tareas porque en nuestra sociedad hiperactiva

Juego y afecto

Lazos familiares

Qué observará

Cuando le cuenta historias sobre su infancia, su hijo se queda hipnotizado. Le pregunta sobre los familiares y le fascina mirar fotografías y vídeos de la familia, sobre todo cuando el protagonista es él. De hecho, le encantará señalar: «¡Soy yo!» cada vez que se reconozca en la imagen.

Si son una familia reconstituida, tal vez su hijo sea más consciente de cómo se unieron las familias y pregunte al respecto. Un niño adoptado puede empezar a plantear de repente preguntas sobre sus padres biológicos aunque ya le hayan descrito mil veces el maravilloso día en que lo conocieron. Y, si aún no han abordado el tema de la adopción, éste es el momento de empezar a pensar sobre cómo hacerlo.

Como los niños de esta edad oyen hablar continuamente a sus amigos sobre sus familias, quizás se entere de que «María tiene dos casas porque su mamá y su papá no viven juntos» o de que «Jorge no tiene papá». Si su hijo tiene abuelos, el tiempo que pase con ellos será aún más especial de lo que era antes, una emoción que probablemente será recíproca.

Por qué sucede

De bebé, en la primera infancia o incluso en edad preescolar, la concepción que su hijo tenía del mundo era fundamentalmente egocéntrica. Ahora se ha aventurado al mundo de la escuela y de otras situaciones sociales, por lo que se compara con los demás y desea saber más sobre su familia y su historia personal.

Cómo divertirse

Hay mil y una maneras de ayudar a su hijo a conectar con su historia personal. Elaboren una línea temporal o un árbol genealógico con fotografías o hagan un álbum familiar. También pueden entrevistar a familiares para desvelar información interesante. Si los familiares están demasiado lejos para verlos en persona, ayúdele a pensar algunas preguntas y luego envíeselas por correo electrónico o por carta a los familiares en cuestión. Guarde entonces las respuestas en una carpeta y creen así un libro sobre la historia familiar; seguro que le encantará mirarlo una y otra vez. Por otro lado, pueden buscar juntos información sobre el país de procedencia de sus antepasados o, si es adoptado, sobre su país de nacimiento.

Si tiene su propia cámara, podrá enviar fotografías a familiares lejanos.

Diversión casera

A muchos adultos les gusta establecer un ritual especial con sus sobrinos o sus nietos. Puede ser algo tan sencillo como hacer galletas o jugar a las damas. Lo importante, para niños y adultos, es el vínculo que crea el ritual.

Fomente las relaciones con los familiares, vayan de visita y trate de mantener el contacto. Muchos estudios sugieren que cuantos más adultos afectuosos haya en la vida de un niño, mejor. Otros estudios indican que los niños que están unidos a sus abuelos tienen un sentido de la familia más fuerte, un mejor rendimiento académico e incluso más probabilidades de evitar problemas en el futuro, como las drogas y la violencia. Anime a su hijo a que desarrolle actividades y rutinas especiales exclusivamente con los abuelos u otros familiares, como jugar al ajedrez, ir a pescar o coleccionar monedas. Como no han de afrontar la vida cotidiana con los niños, los abuelos suelen tener paciencia para enseñarles habilidades nuevas, y el amor incondicional que les dan es una bendición.

Incluso los que viven lejos de sus abuelos o familiares pueden forjar un vínculo con ellos. La tecnología moderna posibilita hacer de todo, desde hablar por teléfono (algo que encanta a los niños de 5 años) a jugar a las 20 preguntas con la abuela por videoconferencia. También le encantará hacer fotografías y enviar regalos a familiares lejanos, especialmente si después ve la foto o el dibujo que les ha hecho en la puerta de la nevera. Antes de ir a visitar a familiares que no suelen ver muy a menudo, muéstrele fotos y explíquele cosas sobre ellos. De esta forma, si reconoce sus caras, se sentirá más cómodo cuando llegue el momento de verlos en persona.

Juego y salud

Malos hábitos

Qué observará

Si pasa una mañana en una clase, es muy probable que vea uñas mordidas, pulgares succionados, pelo manoseado y narices hurgadas. Sorprendentemente, los niños de esta edad suelen practicar conductas de autoconsuelo con la misma tranquilidad y falta de timidez que llevan a otros aspectos de sus vidas. Absortos en un cuento o cansados después de jugar en el patio, recurren a conductas que suelen incluir la boca, un retorno a su época de bebé.

Por qué sucede

A pesar de que la vida a los 5 años pueda parecer despreocupada, incluso al niño más tranquilo le puede resultar difícil vivir la transición de la educación infantil a la primaria. Aunque está emocionado, también siente cierta ambivalencia ante el hecho de hacerse mayor y busca consuelo chupándose el dedo o mordiéndose las uñas. Según algunos estudios, otra explicación es que estos hábitos los ayudan a concentrarse y a mantenerse alerta. O quizás copien la conducta de un adulto o de un hermano mayor.

Cómo divertirse

Es posible que lo más difícil sea dejar el hábito de morderse las uñas, lo que explica por qué el 20 por ciento de los niños que lo hacen siguen haciéndolo de adultos. Las uñas mordidas no sólo son feas, sino que también perjudican la salud. Arrancar la piel que protege el borde de las uñas invita a las bacterias a entrar en el cuerpo. La mayoría de niños que acostumbran a morderse las uñas o a chuparse el dedo no suelen lavarse las manos antes de hacerlo, y esto significa que ingieren gérmenes varias veces al día. Muchos de estos problemas suelen desaparecer por sí solos gracias a la presión de los iguales: es muy probable que deje de hacerlo la primera vez que un compañero de clase le grite a su hijo qué asco da cuando se muerde las uñas o se hurga la nariz.

Mientras tanto, intente mantener sus manitas ocupadas con juguetes, plastilina o retales que pueda llevar en el bolsillo y manosear cuando lo necesite.

Averigüe el origen del problema y registre el momento en que aparece la conducta, por ejemplo, antes del entrenamiento de fútbol o después de clase. Al cabo de una semana podrá ver una pauta de situaciones en que está triste, nervioso o cansado. Si la causa de esos hábitos es la ansiedad, enséñele formas más adecuadas de tranquilizarse, como la respiración profunda, técnicas de relajación o el yoga.

Chuparse el dedo no resulta tan problemático como otros tics porque la mayoría de los niños lo superan por sí solos. El 45 por ciento de los niños de 2 años se chupa el dedo, mientras que sólo el 5 por ciento de los de 11 sigue haciéndolo. Además, siempre que dejen de hacerlo antes de que le salgan los dientes definitivos, no se verá condenado a la silla del dentista.

La lectura es una forma fantástica de ayudar a su hijo a evitar estas conductas porque muchos libros infantiles abordan el tema. También puede intentar recompensarlo cuando lleve varios días, marcados en el calendario con pegatinas, sin caer en el tic (los expertos afirman que se tardan unos 28 días en adquirir un hábito más positivo).

Juego seguro

Piénseselo bien antes de untarle los dedos con productos de sabor desagradable, que no suelen lograr que el niño abandone la costumbre, pero sí darle un buen dolor de tripa. Y consulte siempre a su médico antes de probar cualquier remedio casero.

La plastilina y los juguetes pequeños pueden distraerlo de las uñas y de los dedos.

Juego y salud

Pateando las calles

Qué observará

Este año su hijo se atreverá a alejarse más de lo que había hecho antes. Aunque sigue bajo su estrecha vigilancia, ahora pasa más tiempo con la bicicleta arriba y abajo de la acera, en el jardín y disfrutando en el parque y en la zona de juegos. Ya es lo bastante mayor para llevarlo a parques de atracciones y centros comerciales, a museos y galerías de arte orientados a niños, y a la playa. Todos estos lugares son fuente de gran diversión.

Los niños de 5 años tienden a ser muy amigable y se sienten cómodos incluso con gente a la que no conocen. Tienen ganas de hacer amigos y les encanta presumir. Además, son extraordinariamente curiosos y les cuesta mucho controlar los impulsos, lo que puede hacerlos vulnerables a las tentaciones.

Por qué sucede

Ha llovido mucho desde que usted era un niño de 5 años que jugaba en la calle hasta que caía la noche, mientras sus padres estaban en casa. La mayoría de nosotros hemos visto los aterradores titulares sobre niños desaparecidos o noticias sobre personas que atraen a niños con cachorros en el parque. El «no hables con desconocidos» que le enseñaron tampoco es aplicable ahora, porque si le pregunta a un niño de 5 años cómo es un desconocido, probablemente describa a una persona de aspecto desagradable a la que no ha visto antes. Por desgracia, no son únicamente las personas de aspecto desagradable o las que no conocemos las que hacen daño a los niños. Además, los adultos solemos contravenir la norma cuando hablamos con el camarero del bar o el guarda del aparcamiento. Dicho esto, no debe privar a su hijo del placer de ser niño y de disfrutar del juego despreocupado. Lo que ha de hacer es vigilarlo y dotarle de herramientas y normas que lo mantengan a salvo.

Cómo divertirse

Ésta es una edad en la que su hijo cumple normas con relativa facilidad (o al menos está interesado en demostrar que puede hacerlo), por lo que es

Dele un silbato para que pueda llamar su atención si lo pierde en la calle.

posible enseñarle qué hacer si tiene problemas, por ejemplo, si se separa de usted en la calle. Pueden jugar a representar la situación para explicarle que debe quedarse donde esté y a continuación esperar a que usted lo encuentre. También puede explicarle que, si se pierde, es mejor pedir ayuda a una madre con niños o a otra mujer. También ha de insistir en que nunca acepte nada de desconocidos, que intente no caminar cerca de coches aparcados ni se meta en el coche de alguien que no conozca, y que desconfíe de un adulto que le pida indicaciones. Enséñele que si un desconocido le dice: «No grites», lo que debe hacer es justo lo contrario.

Juegos como «un, dos, tres, toca la pared» o el «semáforo» le ayudan a aprender a pararse y esperar. También pueden representar situaciones: «¿Qué harías si...?». Por ejemplo, «¿Qué harías si un adulto al que no conoces te pidiera ayuda?». Las respuestas le darán un punto de partida para una conversación sobre seguridad.

Otro juego al que pueden jugar es «¿Qué has has visto?». Cuando vuelvan a casa, de pasear o de dar una vuelta con el coche, hágale preguntas acerca de dónde han estado: «¿A cuántos niños has visto? ¿Has visto al hombre con la camisa azul? ¿Teníamos a gente delante?». Si lo hace con regularidad, se acostumbrará a atender a su entorno y a mantenerse alerta.

Por último, haga que memorice el número de teléfono y la dirección de casa y su móvil. Luego esconda una nota con esta información en el zapato (bajo la plantilla) o en un bolsillo de la chaqueta.

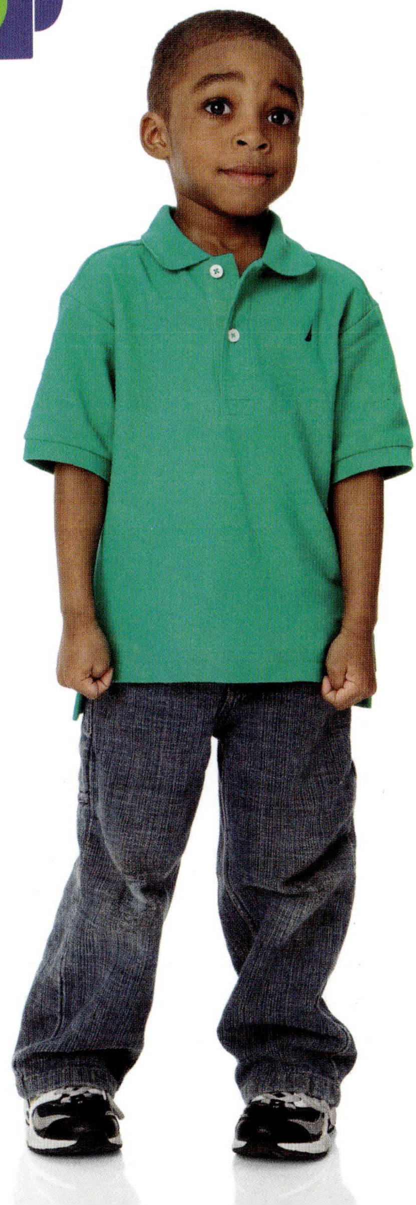

Seis años

Energía y aventuras

* * *

Hitos del juego durante este año

LEER solo

COLECCIONAR dinosaurios, muñecas, etc.

MONTAR en bicicleta sin ruedines

DESARROLLAR el compañerismo

SUPERAR la timidez

TOMAR DECISIONES por sí mismo

ESCRIBIR en mayúsculas y minúsculas

Energía y aventuras

Este año depara una sorpresa tras otra a los padres de niños de primaria. Su hijo asombra a todos con su sinceridad, pasión y deseo de lanzarse de cabeza a todo tipo de intereses nuevos. Tanto si se trata de fútbol, de dinosaurios o de coleccionar sellos, sus pasiones son tan intensas como fugaces.

Toda esa energía puede dar lugar a cierta indisciplina, y muchos padres se preocupan por el movimiento nervioso y constante que suele aparecer durante estos años. Golpecitos con los pies, meneos en la silla, saltos desde la mesa del salón... De hecho, es una edad en la que muchos padres empiezan a preguntarse si su hijo tiene un trastorno de atención. Sin embargo, los expertos afirman que si un niño de 6 años puede centrarse en un proyecto durante unos 15 minutos, todo va bien.

Los brotes de crecimiento acelerado pueden hacer que se vuelva torpe y, en algunos casos, el aspecto desgarbado (y las mellas) pueden dar lugar a una fase de patito feo. De igual modo que el cisne, su hijo está evolucionando. Cada tarde, al volver de clase parece una persona distinta. Afirma: «No me gusta la mermelada de ciruela» y «Me encanta el batido de fresa». Y ante esto usted pensará: «¿Sí? ¿Y eso desde cuándo?». O le anunciará su intención de aprender a tocar la batería o que sólo puede llevar camisetas de manga corta.

Además de preguntarse: «¿Quién este niño y de dónde diantres ha salido?», muchos padres se dan cuenta de otra cosa al inicio de la escuela primaria: los demás niños y adultos ven a su hijo de una manera muy distinta a la suya. Los padres suelen asombrarse de que su hijo, famoso en casa por sus rabietas, en la escuela lo sea por su capacidad de esperar su turno en el patio, o de que su tímida hija sea la compañera más buscada a la hora del almuerzo.

Para muchos padres estos descubrimientos son agridulces. Es posible que su hijo les cuente menos cosas que el año pasado sobre su vida en la escuela y también puede mostrar una nueva tendencia a la autocrítica («¡Soy el que peor escribe de toda la clase!») y una autoestima inestable. Su estado de ánimo se vuelve volátil y es posible que empiece a apartarse de los adultos para acercarse a sus iguales. Aunque resulta emocionante ver cómo aumentan sus intereses y habilidades, a veces los padres se sienten un tanto apartados.

Los niños de esta edad suelen desplegar un encanto seudoadulto. Y, en muchos aspectos, su pensamiento es mucho más adulto: a esta edad ya distinguen entre fantasía y realidad, y además relacionan y distinguen con facilidad emociones, pensamientos y acciones. Ya no solamente saben identificar problemas: les encanta resolverlos y destilan un nuevo espíritu emprendedor: «¡Mira! ¡Me he hecho un bocadillo de jamón y kétchup! ¡Y otro para ti!». Disfrute de cada bocado.

Juego y aprendizaje

Listos para leer

Qué observará

De todos los progresos que ha presenciado hasta ahora, desde los primeros pasos a las primeras palabras, aprender a leer es uno de los más emocionantes y gratificantes. Pero éste es un proceso que dura años y el paso de los libros de cartón a los de capítulos es muy complejo e implica mucho más que las letras sobre una página.

La Academia Europea de Pediatría afirma que la mayoría de los niños de entre 6 y 7 años ya lee. No sólo dominan palabras fáciles, como «casa» o «mesa», sino que reconocen fonemas que componen palabras que no habían visto antes, normalmente con gran *per-se-ve-ran-cia*. Y se inventan pequeños trucos que pronto se vuelven automáticos, como buscar sinónimos o el contexto de una palabra.

Por qué sucede

La pasión por la lectura tiene mucho que ver con la reciente aparición de otras habilidades. Por ejemplo, leer fomenta la empatía: intentar entender cómo se siente otra persona permite al nuevo lector ponerse en la piel de los personajes. Los investigadores han hallado que la empatía aumenta incluso cuando se les pide que imaginen el punto de vista de un animal, planta u objeto inanimado. Y, a la inversa, la empatía fomenta la lectura. La mayoría de los niños pequeños no entienden el concepto de narrador. Sin embargo, a los 6 años ya son capaces de adoptar una perspectiva distinta, por lo que lo asimilan con facilidad. Pueden seguir incluso argumentos complicados en que el narrador va variando.

Cómo divertirse

Incorpore palabras y lenguaje a tantos juegos y actividades como le sea posible. O dedique cada día a una letra, y los lunes, prepare leche, lasaña y lechuga. A todos los niños les encanta jugar a buscar el tesoro y descifrar pistas escritas en verso: «Descubrirás el secreto si buscas cerca del espejo».

Un estudio llevado a cabo en conjunto por la editorial Scholastic y la agencia de investigación Yankelovich concluyó que el 92 por ciento de los niños de esta edad creen que leer es divertido y que el 40 por ciento lo hacen diariamente. Cuando llegan a los 8 años, cada vez leen menos. Por tentador que resulte culpar al ordenador, los investigadores descubrieron que los pequeños informáticos también leen para divertirse. Sin embargo, la televisión sí que reduce el tiempo de de lectura, según un estudio de la Universidad

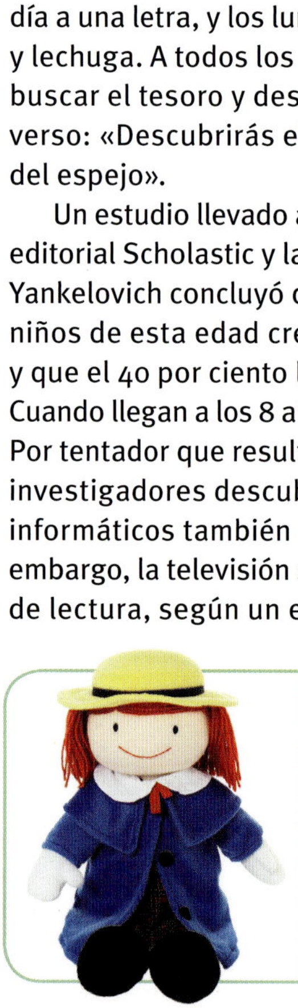

Las muñecas o juegos basados en sus personajes favoritos lo ayudarán a conectar con el texto.

Diversión casera

En clase, es posible que su hijo tenga una «pared de palabras» que puede inspirar una diversión parecida en casa. Túrnense para pegar notas sobre objetos, desde los fáciles («cama») a los exóticos *(«chaise longue»).*

de Texas y el Hospital Infantil de Harvard, así que limite la televisión y el vídeo a un máximo de dos horas diarias.

Hay muchas maneras de garantizar que su hijo continúe disfrutando de la lectura durante muchos años. Los expertos dicen que es clave que los niños tengan acceso a todo tipo de libros, desde los más sencillos a otros que profundicen en lo que los apasiona, así que trate de convertir la visita a la librería o la biblioteca del barrio en parte de la rutina semanal, y espolee a lectores reticentes con comics y libros de chistes.

En casa, asegúrese de que su habitación dispone de un rincón de lectura acogedor donde pueda estar cómodo, con buena luz y estantes, para que aprenda a leer en privado. No obstante, incluso cuando ya sepa leer bien solo, no deje de leerle en voz alta. Escucharlo no sólo reforzará sus habilidades lectoras, sino que le recuerda que leer es uno de los grandes placeres de la vida, además de un modo en que las familias pueden compartir recuerdos, risas y emociones, ya sea por cortesía de J. K. Rowling, de Hans Christian Andersen o de Enid Blyton. Es fundamental que usted también hable sobre libros y lea tanto como le sea posible. El estudio Yankelovich lo demuestra: los hijos de grandes lectores suelen leer más por diversión que otros niños.

Juego y aprendizaje

Inculcar valores duraderos

Qué observará

Todos los padres desean criar a buenas personas que vivan según determinados valores. A esta edad, sin embargo, es posible que su hijo haga y diga con frecuencia cosas que no le gustan. Tal vez haga trampas al jugar o se queje de que no son justas ciertas normas. Compartirá con gusto algunos días, pero otros se negará a esperar su su turno. Puede mostrarse increíblemente tierno y amable con un amigo y, de repente, girarse y sacarle la lengua a otro. Y no ayuda en absoluto que sus programas de televisión usen un sentido del humor sabiondillo y sarcástico con mensajes contrarios a los valores que se intentan inculcar en la familia.

Por qué sucede

Su hijo está intentando aprender a diferenciar entre lo que está bien y lo que está mal, ya se trate de las normas del parchís o de la forma en que debe comportarse en el parque. Todavía le faltan años para tener una conciencia plenamente desarrollada, pero desea complacer a sus padres y a otros adultos. Quiere hacer lo correcto y, con frecuencia, hasta lo consigue. Es sólo que le cuesta mucho contener el fuerte impulso de ganar siempre o de obtener lo que desea de forma inmediata.

“Cada primavera limpiamos las habitaciones de los niños y recogemos todos los libros y juguetes que ya no usan. Llevamos todo lo que está en buen estado al hospital infantil o al centro de acogida de indigentes.

Diego, padre de dos niños”

Los niños de 6 años entienden el valor de donar dinero a una causa que les parezca digna.

Cómo divertirse

Empiece decidiendo qué valores quiere inculcar a su hijo. En algunas familias, la prioridad puede ser el ahorro y cuidar de los familiares mayores. En otras, quizás lo más importante sea proteger el medio ambiente y ayudar a las personas más desfavorecidas. ¿No está seguro de por qué decidirse? Algunos profesores sugieren que se implique a los niños en la elaboración de un lema familiar sencillo. Algo tan básico como «Creemos en tratar a los demás como nos gusta que nos traten, en ayudar a la gente y en cuidar de los animales y del planeta» le ayudará a centrarle en los valores que signifiquen más para usted.

Actúe entonces en consecuencia y mediante actos concretos. Por ejemplo, «ayudar a la gente» es muy vago; hacerle la compra a la tía abuela Carmen cada quince días es más concreto. Y ya que a los niños de esta edad les apasionan los proyectos en grupo, hable con su maestro sobre la posibilidad de implicar a toda la clase. En los comedores de algunas escuelas, por ejemplo, una de las mesas se deja libre para que los niños puedan llevar comida destinada a asociaciones caritativas de la zona.

Según los expertos, cultivar la gratitud y la responsabilidad debería ser uno de los objetivos. Es importante que los niños agradezcan lo que tienen y lo compartan con otros. Está bien que le guste la naturaleza, aunque tiene más valor si además procura reciclar la basura de su casa. Trate de buscar organizaciones que acepten voluntarios infantiles. Si no las encuentra, ayúdele a organizar colectas, vendiendo limonada o pulseras hechas a mano, por ejemplo, para poder hacer donaciones a programas locales.

Juego y aprendizaje

Decisiones, decisiones

Qué observará

A los 6 años, su hijo quiere hacerlo todo a la vez. Su amigo viene a jugar y, en un segundo, han sacado del armario todos los disfraces y todos los juegos. Cuando ha de vestirse por la mañana, se pasa un buen rato decidiendo qué falda ponerse. Por indeciso que pueda parecer, está desarrollando las habilidades que en un futuro le permitirán tomar decisiones reflexionadas.

> Para que mi hijo tenga cierta sensación de control sobre sus decisiones y ayudarlo a aprender de sus errores, no le digo nada cuando pide un helado de sabor raro que creo que no le gustará.
>
> Eva, madre de un niño

Por qué sucede

Aún le faltan algunos años para llegar al nivel de razonamiento que le permitirá tomar decisiones racionales, pero ya está dispuesto a afrontar los problemas de otra manera y, como es capaz de sostener la atención durante más tiempo, puede sopesar distintas alternativas. Los expertos han descubierto que cuando se enseña a los niños de esta edad a resolver los problemas por sí solos en lugar de dejar que los adultos lo hagan por ellos, estas habilidades tan importantes los acompañarán más adelante en la vida.

Cómo divertirse

Las escuelas saben que los niños de esta edad pueden tomar decisiones (tanto individuales como en grupo), por lo que suelen incluir la toma de decisiones sociales en la rutina diaria. Por ejemplo, la clase decide conjuntamente cómo debe explicarse el tema sobre los pingüinos o, incluso, cómo deben organizar el día: ¿primero música y luego matemáticas, o al revés?

Puede fomentar lo mismo en casa: «¿Quieres empezar por los deberes de ortografía o por la lectura?» «¿Qué cenamos, lomo o pasta?». Con frecuencia las cosas que hacemos y la forma de hacerlas son arbitrarias, pero siempre resulta interesante hacerlo razonar: «Prefiero empezar por la lectura porque la ortografía es aburrida. Ya hemos cenado pasta esta semana, prefiero lomo».

Enséñele el antiguo arte de las listas de pros y contras, y aplique este proceso a la toma de decisiones familiares. Digamos, por ejemplo, que el problema es planificar el sábado por la tarde. Su hijo quiere ir al parque pero hay que hacer la compra de la semana. Pídale que enumere los pros de hacer primero lo que él quiere (cuanto antes vayan, menos frío hará) y luego los contras (el supermercado estará abarrotado si van más tarde).

Otro ejemplo: si él y su hermano se pelean por el mando a distancia, insista en que encuentren la manera de turnarse. Esto puede unir más a la familia porque todos tendrán la oportunidad de dar su opinión. Es obvio que su hijo no se alegrará cuando no le hagan caso, pero al menos sentirá que lo escuchan. Por otra parte, aprenderá que la mayoría de decisiones implican cierta renuncia. Finalmente, intente buscar juegos que fomenten el razonamiento deductivo, como por ejemplo el clásico «Quién es quién».

Juegos como las damas enseñan a sopesar las decisiones antes de mover ficha.

Juego y afecto

¿Introvertido o extrovertido?

Qué observará

A estas alturas, ya se habrá hecho una idea de la personalidad de su hijo: según los investigadores, entre un 25 y un 30 por ciento de los niños son muy extrovertidos, mientras que entre el 15 y el 20 por ciento son bastante tímidos. Es duro ver a los niños tímidos pasarlo mal en la escuela o en otras situaciones sociales, y saber que su hijo se siente excluido en los juegos del patio y en el comedor puede resultar doloroso.

Aunque parezca que los niños extrovertidos lo tienen más fácil (se integran en cualquier grupo, hacen amigos nuevos, saludan a los de siempre con entusiasmo), puede costarles pasar tiempo a solas.

Por qué sucede

Pese a que pueda parecer lo contrario, no es la escuela lo que ha vuelto a su hijo más o menos extrovertido. Probablemente, ya lo era desde que nació: investigaciones sobre gemelos idénticos han demostrado que la tendencia a la timidez, a la introversión y a la extroversión tiene un gran componente hereditario. Ahora que su hijo está rodeado de tantos niños, su temperamento, sobre

¿Sabía que...?

Según los investigadores de Harvard, las mujeres que conciben en agosto o septiembre tienen más probabilidades de tener un niño tímido nueve meses después. Como en otoño hay menos horas de sol, el organismo de la madre produce más melatonina, que pasa a la placenta. El cerebro en desarrollo se ve expuesto a la hormona, que actúa sobre las células del bebé y favorece el temperamento asociado a la timidez.

todo si se encuentra en uno u otro extremo del espectro social, puede parecerle problemático. Pero no es lo mismo ser introvertido (como el 30 por ciento de la población aproximadamente) que tímido. Los niños de este segundo grupo, entre el 15 y el 20 por ciento del total, tienen miedo de la gente. Los introvertidos solamente prefieren estar solos.

Cómo divertirse

No es recomendable obligar a los niños tímidos a entablar más interacciones sociales de las que desean (ni pedirle a sus maestros que lo hagan). Para mejorar la seguridad en sí mismo, necesita aprender a hacerlo él solo; por otro lado, estas estrategias suelen ser contraproducentes. Por mucho que a los padres les guste creer que la escuela primaria es como preescolar, no lo es. No se puede obligar a dos niños de 6 años a divertirse juntos, como antes cuando eran más pequeños. Es más, puesto que la timidez tiene un un gran componente genético, tratar de alterar el temperamento básico del niño no sólo no funcionará, sino que puede afectar a la relación con sus padres. A los 6 años se dará cuenta de que la etiqueta de «tímido» tiene connotaciones negativas o, aún peor, de que usted cree que le ocurre algo malo. Le damos algunos consejos para ayudarlo. Si al volver de clase le habla de alguien nuevo, sugiérale que le invite a jugar con él: generalmente, los niños escogen a amigos con intereses y temperamentos similares. Hágale saber que se da cuenta de que le cuesta jugar con otros niños. Permítale relajarse y descansar antes de asistir a una fiesta, y dígale que pueden marcharse pronto, si quiere.

Representar las situaciones que le cuestan también le será de ayuda: «Primero, te pediré que juegues a algo conmigo. Después, piensa a qué quieres que juguemos». Y cuando invite a un amigo, tenga preparados varios juegos y actividades para evitar los atascos.

Cuando salgan juntos, modele las conductas con las que le gustaría que su hijo se sintiera más cómodo: decir «hola» o dar un apretón de manos. Es importante que si usted era (o es) tímido, le explique cómo afrontar la ansiedad: «Estaba nerviosa por tener que presentarme a la señora García, pero fue tan amable que me alegro de haberlo hecho».

Diseñar una muñeca de papel puede ayudarle a expresar su personalidad.

Juego y afecto

Criar a niños afectuosos

Qué observará

Observar los juegos de los niños de esta edad puede ser duro: da la impresión de que carecen de lealtad, de que pasan de un grupo a otro y de que otorgan el calificativo de «mejor amigo» de forma aleatoria, al tiempo que chismorrean sobre sus amigos y sus hermanos. Tienden a ser malos perdedores y a lanzar las piezas de los juegos contra la pared si se frustran.

También son muy sensibles y exclaman: «¡Eso me ha dolido!» o se enfurruñan cuando se les riñe. Esta sensibilidad se extiende a los demás. Cuando su amigo llora, su hijo intenta consolarlo o encontrar a un adulto para que lo ayude. Si escucha una historia triste, quizás se le salten las lágrimas o se enfade porque el libro lo ha entristecido. Y cuando sienta emociones fuertes, planteará muchas preguntas: «¿Por qué Silvia no me ha dejado jugar con ella?».

Por qué sucede

La compasión no aparece nunca de la noche a la mañana. Los investigadores han visto actos de compasión extrema ya en niños de 21 meses, y es un rasgo que seguimos refinando hasta bien entrados en la edad adulta. Sin embargo, este año ofrecerá muchísimas oportunidades para aprender a mostrar afecto y compasión, pues la esfera social de su hijo se habrá ampliado rápidamente.

Cómo divertirse

Puede intentar fomentar la tolerancia y la empatía asegurándose de que su hijo dispone de mucho tiempo para poder jugar en distintos entornos y con gente diferente. Los parques y jardines donde se mezcla gente joven y mayor, rica y pobre, y de distintas etnias, exponen a los niños a gran variedad de culturas y de personas.

Puede animar a que su hijo se convierta en un estudioso del mundo buscando información en Internet sobre otros países, idiomas, ropa y juegos. Prueben comidas de distinta procedencia, coleccionen monedas extranjeras o valoren la posibilidad de apadrinar a un niño de otro país. A menudo estas asociaciones envían fotografías

Las muñecas y los libros sobre otras culturas fomentan la tolerancia en los niños.

¿Sabía que...?

Iniciarlo ahora en el voluntariado le beneficiará más adelante. Los niños que crecen cuidando de los demás (concretamente como voluntarios) salen beneficiados luego. Los adolescentes que son voluntarios activos tienen un 50 por ciento menos de probabilidades de iniciar conductas destructivas o de abusar del alcohol, las drogas o el tabaco, según el Instituto de Estadística de EE UU.

y narraciones de la vida cotidiana que cautivarán a su hijo mientras le enseñan en qué se parece y en qué se diferencia de su «amigo» lejano. Hay programas de televisión que pueden ayudarlo a enseñar a su hijo a preocuparse por los demás. Según un estudio del Instituto Nacional de Salud Mental de EE UU, los niños tienden a imitar la amabilidad que ven en televisión, por lo que busque programas y personajes que fomenten la apertura de mente y la amabilidad. Si por el contrario ven juntos muestras de mala educación o de prejuicios, aproveche para preguntarle qué le ha parecido y luego exponga su opinión.

Los expertos afirman que, sobre todo, hay que dar ejemplo. Tanto si se trata de ayudar a vecinos que están solos, como de ser amable con una persona sin hogar o de esforzarse por animar a un amigo enfermo, comparta estos pequeños actos de amabilidad con su hijo.

Juego y salud

Con buena letra

Qué observará

Al mismo tiempo que la escritura de su hijo se vuelva más controlada y deliberada, se divertirá observándolo iniciar proyectos nuevos, desde un diario a cartas para el ratoncito Pérez. La buena letra requiere práctica y en la escuela le harán practicar mucho. En los primeros años de primaria insistirán en la escritura en mayúscula y en minúscula; a continuación los profesores empezarán a introducir la letra ligada.

Por qué sucede

Los niños aprenden a escribir por fases: cuando son pequeños, agarran los lápices con los cinco dedos. Luego, pasan a poner la palma hacia abajo. Cuando llegan a los 6 años, la mayoría de niños ya cuenta con las habilidades de motricidad fina necesarias para usar el agarre en trípode (con los dedos corazón, índice y pulgar) para equilibrar el lápiz. (La mayoría de los adultos, el 88 por ciento, escribe de esta forma.)

> A mi hijo y a mí nos encanta hacer listas juntos. Escribe él. Los temas son divertidos: sus coches preferidos, mis platos favoritos, nuestras canciones preferidas... Anima la conversación y él practica la escritura.
>
> Roberta, madre de dos niños

Cómo divertirse

Puede ayudarlo observando cómo escribe. Los expertos aseguran que la mayoría de los niños encuentra su propia manera, pero algunos se acostumbran a coger mal el lápiz y adquieren hábitos de escritura torpes o incluso dolorosos. (El problema más habitual es agarrar el lápiz con demasiada fuerza, o doblar el pulgar bajo los otros dedos.) Si le cuesta, puede que le resulten útiles los soportes triangulares que venden en las papelerías. Y asegúrese de que tiene un lugar adecuado para escribir: necesita una silla desde la que pueda apoyar los pies en el suelo y una mesa plana de tamaño infantil. Tenga también cerca los materiales para las manualidades: es muy probable que su recién adquirida habilidad lo inspire para dibujar y pintar.

Escribir le resultará más atractivo si le ofrece papel de colores, lápices originales y rotuladores. Cómprele una libreta especial para que anote pensamientos y actividades, y un cuaderno para las vacaciones para que pueda escribir un diario de viaje. Por otro lado, pídale que anote las citas y las fechas de cumpleaños en el calendario de la familia, las felicitaciones de Navidad y las listas de la compra.

Hay otras maneras de reforzar el control de la motricidad fina. El mikado y «piedra, papel o tijera» son juegos divertidos, y manualidades como hacer trenzas, lazos o utilizar pinzas para coger cuentas le harán ejercitar su creatividad a la vez que fortalecerán sus dedos. Pídale que lo ayude en la cocina en tareas como desgranar guisantes o decorar galletas.

Por si se lo pregunta: no habrá cambios en la lateralidad. Los expertos solían pensar que la dominancia de una mano u otra se fijaba durante los primeros años de escuela; sin embargo, los investigadores de la Universidad Queen's de Belfast han demostrado que la lateralidad ya se determina en el útero.

Las cuentas hacen trabajar los músculos de los dedos y así contribuyen de forma indirecta al desarrollo de la escritura.

Siete años

La etapa dulce y sabia

***

Hitos del juego durante este año

NOMBRAR a un mejor amigo	**SUMAR Y RESTAR** con facilidad	**TOCAR UN** instrumento musical	**UNIRSE** a un equipo
APRENDER buenos modales	**MOSTRAR** curiosidad por el sexo	**SEGUIR EL RITMO** de una canción	**RESOLVER** conflictos por sí solo

La etapa sabia y dulce

Es lógico que a los niños de 7 años les encanten las adivinanzas; este año, para ellos casi todo es una paradoja. Por un lado, su hijo tiene una relación íntima con el ratoncito Pérez pero, por otro, se despierta tarareando una canción de Hannah Montana. Puede ser un amigo leal y cariñoso y, de repente, inventarse un club que excluye a la misma niña a la que adoraba la semana pasada. Puede ser un «investigador» infatigable y exigir una explicación precisa sobre el funcionamiento de un motor, y luego pedir que lo abracen «como cuando era pequeño».

También es un año de aprendizaje y de crecimiento intelectual acelerados. No sólo lee bastante bien, sino que está preparando al cerebro para toda una vida de alfabetización. Investigadores de la Universidad de Zúrich han descubierto que ciertas pautas neuronales, necesarias para reconocer las largas cadenas de letras en la lectura, alcanzan su máximo a esta edad. Empieza a desaparecer esa ortografía inventada tan graciosa; ahora su hijo le muestra con orgullo frases escritas con más claridad, con mayúsculas, la puntuación correcta e incluso con algunas letras ligadas.

Y los avances prácticos no se detienen aquí. Ahora sabe decir la hora y contar dinero. Empieza a entender las consecuencias sencillas. Quizás entienda por sí solo que si remolonea durante el desayuno perderá el autobús de la escuela. Tiene recursos y suele responder sus propias preguntas; por ejemplo, «¿Qué significa esta palabra?» con «La puedo buscar en el diccionario».

El desarrollo emocional también avanza a gran velocidad; se dará cuenta de que puede describir mejor lo que sucede en su entorno y lo que siente al respecto. Está aprendiendo a controlarse y tal vez lo sorprenda con comentarios del tipo: «¡Estos deberes me están poniendo de mal humor! Creo que será mejor que los acabe en mi cuarto».

No obstante, puede que los mayores avances se den en el ámbito del juego porque aprenderá a manejarse en el mundo de sus iguales. Las sencillas relaciones anteriores se ven sustituidas por grupitos; el mejor amigo de ayer es el verdugo de hoy. Desea encajar sobre todas las cosas, y todo lo que lo haga destacar, ya sea la mochila equivocada o un peinado nuevo, lo hará sentir incómodo. Al mismo tiempo, cada vez está más dispuesto a unirse al juego, a cualquier juego. Ésta es la edad en que querrá unirse al equipo de fútbol o de natación. Para su hijo, el deporte es más que una forma de hacer ejercicio: es un nuevo escenario para el desarrollo social, además de un modo de sentirse cómodo con su cuerpo en desarrollo.

Juego y aprendizaje

Retos creativos

Qué observará

En algunos aspectos, verá que su hijo de 7 años aporta más de sí mismo a las actividades creativas; por ejemplo, inyecta emoción y ritmo reales a su forma de bailar. O utiliza los pinceles con mayor sutileza al pintar bosques con acuarelas. Comienza a valorar la creatividad de los demás. Puede permanecer sentado y totalmente absorto en representaciones más prolongadas o expresar una opinión firme acerca de una película o un libro.

Sin embargo, también percibirá algo un tanto decepcionante: puede parecer menos creativo en la escuela, como si se esforzara en que sus pinturas, dibujos e historias fueran menos imaginativos y más parecidos a los de otros niños. Del mismo modo, querrá implicarse en actividades no porque realmente le gusten, sino porque «Es lo que hacen los demás».

Por qué sucede

La creatividad infantil empieza a declinar a esta edad y lo seguirá haciendo durante los siguientes años hasta alcanzar su punto más bajo hacia los diez. Puede estar tranquilo: su hijo no se está convirtiendo en un conformista absoluto. Los expertos opinan que su nuevo interés por los iguales y la creciente conciencia de sí mismo lo hacen más reticente a asumir riesgos creativos. Está aprendiendo a encajar, así que prefiere no hacer nada que le haga destacar.

Cómo divertirse

Recuerde que la creatividad de su hijo está en función tanto de lo que absorbe como de lo que produce. Éste es un momento maravilloso para exponerlo a todo tipo de arte: visitas a museos y galerías, conciertos y espectáculos de danza. Hay instituciones que ofrecen clases de iniciación para niños en casi cualquier cosa: teatro, danza o guitarra clásica; si su hijo parece interesado, no dude en apuntarlo.

A los niños de 7 años les encanta aprender cómo los demás ponen su cuerpo y su alma en el arte, tanto si se trata de Louis Armstrong como de Pablo Picasso. Cuando aprende a reconocer conceptos musicales como el tiempo, el ritmo y la melodía, aprende también a expresar las emociones que le despiertan. En cuanto a las artes visuales, los niños de esta edad se sienten especialmente atraídos por las obras abstractas y les suele gustar crear las suyas propias. (Al ser abstracto, no han de preocuparse de si les sale bien o mal.)

Si su hijo reprime sus impulsos creativos en la escuela para adaptarse a los gustos del grupo, ofrézcale oportunidades para dedicarse al juego creativo en casa, prepárele un caballete en un lugar tranquilo y respete su deseo de trabajar en privado. Otra opción es compartir un proyecto manual que no requiera un resultado «correcto», por ejemplo, teñir camisetas.

A esta edad se dominan los juegos de construcción complejos, como Lego.

“Cuando llevo a mi hija a un museo, primero entramos en la tienda para ver las postales y jugamos a ver quién es el primero en encontrar esas obras en las salas. También jugamos a contar cuántos ángeles o pájaros hay en una obra de arte.

Carlos, padre de una niña”

Juego y aprendizaje

Primeras finanzas

Qué observará

Su hijo cada vez siente más curiosidad por el funcionamiento del mundo adulto y ya plantea preguntas sobre cosas de mayores: «¿Cómo sabe el cajero automático que no debe darle tu dinero a otro? ¿Puedo comprarme una moto con el dinero del ratoncito Pérez? ¿Somos ricos?». Como ahora ya puede sumar y restar, es probable que preste más atención a sus transacciones o que incluso le pida si puede contar el cambio en las tiendas.

Por qué sucede

En muchos aspectos, el repentino interés que su hijo muestra ahora por el dinero tiene que ver con las matemáticas. No sólo aprende el valor de cada moneda, sino que mucho de lo que estudia en la escuela tiene que ver con el número 100, base de las fracciones monetarias. El interés por las altas finanzas también refleja que ha observado qué es lo que mueve el mundo. A sus ojos, el dinero como mínimo equivale a la independencia. Es lo que permite que la gente vaya a restaurantes, compre juguetes o viaje en tren. Y es obvio que algunos tienen más que otros, una desigualdad que quizás choque con su incipiente sentido de la ética. También compara sus «cosas» con las de sus iguales. De repente, para su hijo, llevar una camiseta de marca o tener el último aparato electrónico adquiere gran importancia.

Cómo divertirse

En este momento y pese a que cada vez es más consciente de lo que hacen otros niños, todavía depende de sus opiniones y sus valores para guiarse. Aunque le parezca obsesionado con el precio de las cosas o que sufre un caso grave de «dameítis», quiere aprender, no sólo acumular más cosas.

Según la Academia Americana de Pediatría, la mejor manera de enseñarle qué es el dinero es permitirle que tenga el suyo propio. Empiece marcándole las normas sobre en qué gastar y cuánto y dónde gastar. Algunos padres insisten en que no se ha de pagar a los niños por hacer tareas del hogar; en cambio, otros lo fomentan. Algunos creen que una paga semanal de unos cincuenta céntimos por año de edad del niño es una buena idea; otros opinan que es preferible limitarse a responder a las demandas concretas del niño.

Los expertos afirman que los detalles no son tan importantes, siempre que las familias sean

Las huchas fomentan el ahorro para algo especial.

Diversión casera

Nómbrelo encargado de las monedas, para que recoja las que encuentre en el sofá, en los cajones de los armarios o en el cesto de la ropa sucia. Lleve un registro: así podrá contar cuánto cambio ha reunido (y dele una parte proporcional de lo que encuentre cada semana).

constantes y expliquen su manera de pensar y sus valores a los niños. Por ejemplo, si estando en el supermercado, su hijo le pide un juguete que a usted le parece malísimo, no debe decir «No llevo bastante dinero para comprártelo», a menos que sea cierto. Dígale la verdad: «No creo que ese juguete sea demasiado bueno; no quiero malgastar el dinero».

También es importante enseñar a los niños a utilizar una parte del dinero para gastarlo, otra parte para darlo y una tercera para guardarlo. Puede emplear sobres, pero a muchos niños les gustan los recipientes transparentes, como botes o huchas de plástico, porque les permite ver cómo se acumulan las monedas. A esta edad, los niños no tienen mucha noción de lo que es «el futuro», por lo que debe ayudarlo a fijar objetivos a corto plazo. Puede ahorrar para un juguete o un libro que pueda conseguir en algunas semanas. Es importante no darle más dinero cuando se le acabe.

A todos los niños les beneficia dar a los demás, ya sea como parte de las acciones solidarias de la familia, de la escuela o como iniciativa individual. Los estudios muestran que los niños suelen recibir más de lo que dan en términos de autoestima, de seguridad en sí mismos y de gratitud.

Juego y afecto

Mejores amigos, peores enemigos

Qué observará

Los niños de 7 años forjan y rompen alianzas con tal rapidez que la cabeza le dará vueltas cuando escuche las últimas noticias: durante el desayuno su hija le anuncia que «Irene es mi mejor amiga», pero por la tarde vuelve llorando de la escuela, porque «Irene dice que Marta es su mejor amiga y que no me puedo sentar con ellas».

Los grupitos, las burlas y los abusones son una constante a estas edades: un estudio reciente concluyó que nueve de cada diez alumnos de primaria habían sido maltratados por algún compañero el año anterior y que seis de cada diez habían participado en ese tipo de conductas. Las niñas tienden a emplear lo que los expertos denominan agresión social: «Haremos un club y no dejaremos que Aurora entre». Los niños suelen mostrar más agresividad física. Y por perturbador que resulte, los niños también utilizan Internet para dar rienda suelta a su crueldad, sobre todo en salas de *chat* y por mensajería instantánea.

> Suelo organizar citas centradas en actividades para que mi hija y sus amigas no acaben encerradas en la habitación hablando de otros niños. Las llevo a patinar o al parque. Les concedo cierta privacidad, pero siempre las implico en actividades saludables.
>
> Ángela, madre de dos niños

Por qué sucede

Los niños de esta edad cada vez se sienten más inseguros y cohibidos en situaciones sociales, por lo que forman grupos para sentirse parte de algo. Sin embargo, los grupos carecen de sentido a menos que alguien quede excluido, aunque se trate del mismo niño que ayer era el favorito de todos. En general, este tipo de agresión social fluida afecta a todos los niños en algún momento, pero también puede avanzar hacia unos abusos más intensos que conducen a que algunos niños queden aislados de forma constante. Y que sea habitual no quiere decir que sea inofensivo. Los niños que sufren abusos con frecuencia acaban desarrollando problemas de adaptación graves y, en algunos casos, llegan incluso a deprimirse, por lo que no espere a intervenir. Por otro lado, los niños de 7 años están aprendiendo a ser buenos amigos y recurren a su reserva cada vez mayor de compasión y de empatía.

Los juegos de «predicción», como la bola 8 mágica, los divierten mucho.

Cómo divertirse

Los grupitos y los abusones no tienen nada de divertido. Sin embargo, los niños de esta edad encuentran miles de maneras de apoyarse y de demostrarse afecto. Si su hijo tiene un mejor amigo, fomente la relación (aunque no se trate de su persona favorita) y ayúdelo a organizar meriendas y a que se queden a dormir el uno en casa del otro, cosas que hacen especiales las relaciones.

Cuéntele cosas sobre su infancia: puede que a su hijo lo consuele saber que usted también lloraba cuando le llamaban «cuatro ojos». Intente hacerle pensar en por qué se portan mal los otros niños. Probablemente, se dará cuenta pronto de que rechazan a otros porque necesitan sentirse parte del grupo, y es posible que su hijo llegue a empatizar con esa necesidad.

Aunque no dé muestras de tener problemas de este tipo en la escuela, apunte a su hijo a actividades que le permitan hacer amigos en distintos ámbitos: el gimnasio, los scouts o el grupo de jóvenes asociado a su congregación. De esta forma, si en la escuela le dan la espalda (los psicólogos afirman que sólo puede decirse que el 15 por ciento de los niños sean populares, por lo que el 85 por ciento se encuentra en los escalafones inferiores), podrá recurrir a otros amigos.

Juego y afecto

Cuándo exigir y cuándo mimar

Qué observará

Por intrépido y ágil que se muestre en los juegos del parque y en las competiciones escolares, hay momentos en que su hijo parece desfallecer y mostrarse tan llorón y dependiente como cuando tenía 4 años: exige atención constante y se niega a esforzarse. O decide que quiere aprender a tocar la batería, pero después anuncia que quiere dejarlo porque es «de tontos» cuando usted sabe con seguridad que su hijo renuncia porque las clases son difíciles, y ensayar, aburrido.

Por qué sucede

A esta edad su hijo quiere resolver por sí solo los conflictos y problemas, pero sigue dependiendo mucho de los adultos (especialmente de usted) para sentirse seguro. Entonces, cuando las cosas se complican, tiene una regresión y quiere volver a ser un bebé.

Desde un punto de vista evolutivo, estos retrocesos no solamente son normales, sino que son habituales en nuestras aceleradas vidas. El mundo moderno tiene muchas ventajas, como la tecnología, docenas de canales de televisión y muchas actividades extraescolares. No obstante, puede hacer que los niños se sientan agobiados, presionados y sobrecargados. Tienen ante sí muchas opciones tentadoras y quieren hacer demasiadas cosas. El resultado es que suelen carecer de tiempo para relajarse, recargar las pilas tras sus pequeños tropiezos, descansar en su habitación y soñar despiertos o, sencillamente, superar sus frustraciones.

Cómo divertirse

Dedique tiempo para relajarse en familia a diario. Apague todos los aparatos electrónicos, ponga un temporizador para que suene en media hora y espere a ver qué pasa. No hace falta ponerse a hacer los deberes, iniciar alguna actividad o ni siquiera hablar. Háganse muecas o enséñele a jugar al pulso de pulgares. Pónganle nombre a esta media hora: «hora de no hacer nada» o «hora de sofá». Sin embargo, cuando suene el temporizador, hay que ponerse en marcha, ya sea para hacer los deberes, las tareas de casa o estudiar piano. El descanso hará que ambos se sientan mejor y más unidos.

A continuación, analice bien el calendario familiar. ¿Espera demasiado de su hijo? Muchos expertos afirman que los niños de esta edad no deberían participar en más de una actividad a la vez, pero con tantas actividades disponibles, es muy fácil añadir clases de kárate o judo al entrenamiento de fútbol. Y, si hay varios niños en la familia, pueden acabar pasando demasiado tiempo en el coche de un lado a otro. Ante esto, sea drástico y elimine tantas actividades como le sea posible; entre otras cosas, si tiene más tiempo para descansar, su hijo no remoloneará tanto cuando le diga que es hora de ponerse a trabajar.

¿Sabía que...?

Podar el calendario de su hijo ahora puede ser beneficioso cuando se acerque a la adolescencia. Según un estudio reciente sobre unos 900 preadolescentes, 7 de cada 10 deseaban tener más tiempo libre (el 39 por ciento participaban en tres o más actividades extraescolares) y 4 de cada 10 decían sentirse estresados siempre o casi siempre, porque tenían demasiado que hacer.

Los proyectos abiertos compensan las actividades estructuradas.

Juego y afecto

Buenos modales

Qué observará

Las interacciones sociales de su hijo no dejan de aumentar, por lo que aprenderá cada vez más de sus amigos y, con toda probabilidad, no todas las conductas que aprenda serán positivas. Los niños pueden ser muy maleducados entre ellos y, cuando llegan a casa, lo intentan con sus padres. Elevar los ojos al cielo, suspirar con exasperación o, sencillamente, no hacerle ni caso o responder con insolencia pueden convertirse en algo cotidiano.

Obviamente, todo esto tiene un lado positivo: su hijo de 7 años sabe cuándo alguien lo trata mal o le falta al respeto, y no le gusta ni pizca. También quiere gustar y se empapará como una esponja de los elogios que reciba cuando le dé las gracias a un dependiente, sostenga la puerta a un desconocido o permanezca sentado a la mesa hasta que todos hayan acabado de comer.

Por qué sucede

Los sociólogos no saben precisar qué hay tras el aumento de los malos modales en los niños de ahora. Algunos lo atribuyen a los iconos de la cultura pop, que impulsan a los más pequeños a ir de listillos. En cambio, otros le echan la culpa a nuestra fascinación cultural por la expresión personal: ya sea en *Operación Triunfo* o en el parque, la mala educación se exalta como una virtud. Sin embargo, la mayoría de personas cree que la culpa es de los padres. Una encuesta de AP/Ipsos concluyó que el 93 por ciento de los estadounidenses opina que la mayoría de padres no enseña buenos modales a sus hijos.

La buena noticia es que estamos en la Edad de Oro para la Norma de Oro: «¿Cómo te sentirías si alguien te tratara de esa forma?». Como vemos, se trata de una lección que apunta directamente al creciente sentido de la justicia del niño de 7 años. Aún se siente indignado por los insultos recibidos en clase, de modo que puede entender la importancia de ser respetuoso en lugar de mal educado.

Cómo divertirse

Los niños remilgados o pretenciosos gustan a pocos; ¿a quién le importa que su hijo no sepa diferenciar entre el tenedor de pescado y el de

Juego seguro

Asegúrese de que su hijo sabe cuándo puede no hacer caso. Nunca ha de sentirse obligado a obedecer a un adulto que lo incomoda o lo asusta.

Escribir una nota enseña el valor de decir «gracias».

ensalada? Sin embargo, los niños de esta edad desean aprender mucho más que el «por favor» y el «gracias», sobre todo cuando se dan cuenta de que la cortesía es otra manera de hacer que los demás se sientan bien.

Pueden jugar a adivinar el motivo de la norma. «¿Por qué hay que quedarse a la derecha en las escaleras mecánicas?» (para que quien tenga prisa pueda avanzar sin empujar). «¿Y por qué damos las gracias cuando alguien nos hace un regalo?» (para hacerle saber que valoramos su interés).

Es probable que ahora su hijo vaya a casa de sus amigos con más frecuencia, así que háblenle del respeto a las normas de las otras familias y de la importancia de aceptar la diferencia. Enséñele a corresponder: «Sé que te encanta ir a casa de Juan porque tiene un tobogán y dos perros, pero es de buena educación que tú también lo invites a venir».

A esta edad están dispuestos a aprender más modales en la mesa. Enséñele entonces a poner los cubiertos correctamente. Pruebe a jugar con su hijo «a cenar con la reina de corazones» y coman siguiendo una etiqueta exagerada, bajo la amenaza de «¡que le corten la cabeza!» si pone los codos sobre la mesa.

Asegúrese de que su hijo sabe dar un apretón de manos, contestar al teléfono o tomar bien un recado, y que comprenda la importancia de dar las «gracias». Estos detalles contribuirán a que se sienta más seguro de sí mismo, sobre todo cuando los automatice. Es básico que predique con el ejemplo. Si la persona que lo sigue en la cola de la tienda se queja de lo mucho que tarda su hijo en pedir, dígale que puede pasar delante si tiene prisa. De esta forma su hijo aprenderá buenos modales.

Juego y salud

Jugar en equipo

Qué observará

Allá donde mire, verá a niños de 7 años con chándal. Fútbol, artes marciales, atletismo, baloncesto, gimnasia, natación... Seguro que hay algo en su zona que tentará a su hijo, tanto si lo organiza la escuela como la asociación de padres o el ayuntamiento. El deporte y las clases de educación física se están reduciendo de forma drástica en las escuelas, por lo que hacer que los niños se muevan es más necesario que nunca.

Por qué sucede

Es un momento perfecto para que los niños, que ya están aprendiendo a relacionarse de manera diferente, se apunten a un deporte de equipo. Sus capacidades físicas son cada vez más sofisticadas. Por ejemplo, su visión ya ha mejorado lo suficiente como para poder acertar a una pelota de tenis. Además, puede asimilar reglas más complejas y tiene mayor capacidad emocional para afrontar la victoria y la derrota.

Los niños necesitan tener una actividad física intensa, según los estudios de los Institutos Nacionales de Salud de EE UU. Son muy activos y practicar un deporte les permite canalizar la energía. Además, fomenta la necesidad evolutiva de afrontar retos y, a pesar de que los deportes de equipo no gustan a todos, benefician a los que disfrutan con ellos; es obvio que éstos harán más ejercicio que los niños apoltronados en el sofá, y, según los expertos, ganarán en seguridad en sí mismos, tanto en el ámbito académico como en el social.

Cómo divertirse

Llévelo a ver partidos infantiles; de esta forma se familiarizará con distintos deportes y verá cuáles le gustan. Hable con él acerca de lo que le parece divertido o aburrido y sobre lo que le da miedo. Hágale caso, aunque la actividad que escoja no fuera su primera opción. Si se muestra reticente, anímelo y averigüe si alguno de sus amigos se ha apuntado a algún deporte; las caras conocidas hacen que las situaciones nuevas resulten menos abrumadoras.

Si le dice que quiere abandonar al poco de empezar, puede insistir en que lo intente algunos días más. Sin embargo, los expertos afirman que, a pesar de que los niños más mayores han de entender que entrar en un equipo requiere cierto compromiso, se debería permitir que los niños de esta edad dejen un deporte si no les gusta. Lo cierto es que los deportes de equipo no gustan a todos: un 70 por ciento de los niños ha dejado de participar a los 13 años en deportes organizados, según una encuesta de Harris Interactive. Si su hijo no se siente cómodo en los equipos (o no le interesa el deporte), ayúdelo a encontrar actividades menos estructuradas como caminar, correr, nadar, el ciclismo, la danza o el yoga. Sobre todo, observe al equipo y asegúrese de que todos los niños tienen la oportunidad de jugar y de que lo más importante sea disfrutar.

¿Sabía que...?

Varios estudios han concluido que los deportes de equipo son beneficiosos para los niños con TDAH (incluso para los que han tenido malas experiencias con el deporte en el pasado), siempre que los entrenadores los ayuden a adquirir las habilidades que les faltan. Además del rendimiento deportivo, también mejoran las relaciones con los iguales y los niveles de felicidad.

El material deportivo será el juguete ideal para un niño de 7 años activo.

Juego y salud

La seguridad es lo primero

Qué observará

Los deportes de equipo cada vez son más populares. Además, abundan las ligas para jugadores cada vez más jóvenes. Por tanto, han aumentado mucho también las lesiones deportivas pediátricas. Los Institutos Nacionales de Salud de EE UU afirman que la probabilidad de que los niños a partir de 7 años que participan en deportes organizados padezcan una lesión es alta. Afortunadamente, la mayoría de las lesiones son leves, como cardenales, cortes y tirones, y no requieren tratamiento médico.

Por qué sucede

Son más los niños que juegan, por lo que resulta lógico que se lesionen más, pero también ha aumentado la seguridad en todos los ámbitos del deporte infantil.

> Mi hija y yo vamos a yoga los sábados por la mañana, mientras mi marido y mi hijo juegan a fútbol. Después almorzamos todos juntos. Así, todos hacemos ejercicio, pasamos tiempo a solas con los niños y luego en familia.
>
> Beatriz, madre de dos niños

Desde médicos especializados en el deporte de élite hasta entrenadores de fútbol voluntarios, los adultos se fijan más en cómo juegan los niños. Los entrenadores y los profesores de educación física incorporan en su rutina técnicas de base científica (como calentamientos y estiramientos) incluso a estas edades tempranas.

El riesgo de sufrir lesiones varía en función del deporte (las lesiones son más frecuentes en baloncesto y gimnasia deportiva), del tamaño del niño (los niños más pequeños no deberían jugar con niños mucho más grandes, sobre todo en deportes de contacto como fútbol o rugby) y del sexo: los investigadores del Hospital Infantil Columbus descubrieron que las jugadoras de fútbol se lesionan mucho más que los jugadores, mientras que ellos requieren hospitalización con mayor frecuencia. Los médicos deportivos han descubierto también que las niñas de entre 4 y 8 años tienen más probabilidades de lesionarse el ligamento cruzado anterior (en la rodilla) si practican deportes de equipo.

Cómo divertirse

Aunque pensar en lesiones puede preocuparlo, usted debe mantener la calma. Los deportes son muy seguros para los niños menores de 12 años y son una manera divertida de ocupar los sesenta minutos de ejercicio diario recomendado.

Los riesgos para la salud de los niños que nunca hacen ejercicio son considerables. El porcentaje de niños con sobrepeso se ha duplicado durante los últimos treinta años y la Academia Americana de Pediatría calcula que un niño de 7 años pasa unas cinco horas y media frente a la televisión, el ordenador o la videoconsola al día.

Cuanto más en forma esté su hijo, más sano estará también. Por tanto, convierta el ejercicio físico en una prioridad familiar y salgan a pasear o a montar en bicicleta con regularidad. Aunque el entrenador no lo fomente, enséñele a calentar antes del entrenamiento y los partidos, corriendo un poco y estirando con suavidad. Anímelo a que practique más de un deporte (fútbol en otoño y gimnasia en invierno, por ejemplo). De esta forma utilizará todas las cadenas musculares y evitará las lesiones por sobrecarga.

Busque campamentos que incluyan alguno de los deportes que le gustan cuando estudie los programas de verano. Así perfeccionará su técnica, evitará lesiones, aumentará la seguridad en sí mismo y ampliará su círculo de amistades.

Los cascos, las rodilleras, etc. son imprescindibles para los niños activos.

Juego y salud

Más allá de la cigüeña

Qué observará

Su hijo corre de un lado a otro y no parece que dedique mucho tiempo a pensar en el sexo. Probablemente, hace ya tiempo que preguntó vagamente «¿De dónde vienen los bebés?» por última vez. Hace años, los expertos lo llamaban «período de latencia» y creían que, a partir de los 6 años, los niños reprimían su interés por el sexo. Ahora se sabe que siguen formulándose muchas preguntas al respecto, pero que, según la Asociación Médica Americana, al llegar a los 6 años, ya saben que es un tema íntimo. Por ejemplo, saben que algunas conductas no son socialmente aceptables y se retiran a la intimidad de sus habitaciones. Sin embargo, es probable que tras las puertas cerradas, los niños de esta edad jueguen a médicos y a «Si me enseñas la tuya, te enseño la mía». También pueden expresar su creciente interés por el sexo haciendo que sus muñecas representen escenas eróticas o con bromas escatológicas inadecuadas.

Por qué sucede

Debe saber que la curiosidad sexual de su hijo no ha desaparecido; en todo caso, ha aumentado y seguirá haciéndolo hasta la adolescencia. Pero también ha captado que el sexo es algo que pone nerviosos a los adultos, por lo que en lugar de formular las preguntas directas tan habituales en los niños más pequeños, se las guarda o pregunta a sus amigos. También es evidente que vivimos en un mundo donde las imágenes y los mensajes sexuales son cada vez más omnipresentes. Aunque intente protegerlo, es muy probable que escuche palabras relacionadas con el sexo mucho antes que usted.

Cómo divertirse

Lo crea o no, hablar de sexualidad con su hijo puede ser divertido, pero antes debe relajarse y entender que sólo necesita saber lo básico, con pocos detalles. A esta edad, por ejemplo, si aún no han hablado acerca del origen de los bebés, intente sacar el tema. Los expertos opinan que los niños deberían tener una idea general sobre la reproducción, incluyendo el coito, el concepto de espermatozoide y de óvulo, y el parto. Siga su ritmo y espere a que su hijo le formule más

Ahora ya tiene edad para relacionar una alimentación saludable con un cuerpo sano.

¿Sabía que...?

La investigación ha demostrado que el niño británico promedio de 9 años puede explicar con exactitud de dónde vienen los bebés, dos años antes que los estadounidenses. Por otra parte, en Suecia, los niños de 7 años ya saben que no fue la cigüeña la que trajo a su hermanito.

preguntas, antes de cargarlo con información innecesaria (y confusa).

Existen docenas de libros excelentes sobre sexo, dirigidos a niños pequeños, y leerlos juntos puede ser muy útil. Todos estos libros enfatizan en lo importante que es evitar los motes graciosos para las partes íntimas o combinar los motes con los nombres reales. Esto último es relevante sobre todo para las niñas, porque la investigación ha revelado que es menos probable que se les enseñen los términos anatómicos de sus genitales que a los niños.

Un objetivo clave de toda lección sobre la realidad de la vida es enseñar a su hijo a respetar los límites. Aunque la mayoría de los niños de esta edad son extraordinariamente pudorosos, también tienen mucha curiosidad. Si descubre a su hijo jugando a los médicos con una amiga, intente no perder los nervios. Después intente averiguar cómo empezó el juego y si alguno obligó al otro a participar. Utilice el incidente como una «oportunidad pedagógica» y enfatice que los amigos no se presionan de esa manera y que nunca, nunca está bien «jugar a tocarse» con niños mayores o con adultos. Debe asegurarse de que entiende cómo y cuándo decir que no y que le promete que se lo contará pase lo que pase. Una de las mejores maneras de ayudar a un niño a sortear las turbulentas aguas de la preadolescencia es hacerle sentirse orgulloso de su propio cuerpo en desarrollo: hable de lo fuerte, flexible, capaz y coordinado que se está volviendo, emociones positivas que ejercerán un impacto indirecto, pero importante, sobre su sexualidad.